1950년대 모더니즘과 사회 비판 연구*

-송욱(宋稶)의 시와 시론을 중심으로

박 몽 구

*이 논문(저서)은 2011년도 정부(교육부)의 재원으로 한국연구재단의 지원을 받아 연구되었음(NRF-2011-35C-A00493).

1950년대 모더니즘과 사회 비판 연구

-송욱(宋稶)의 시와 시론을 중심으로

-시와문화 신서 03

박 몽 구

시와문화

국문 초록

본 연구는 1950년대 한국 모더니즘을 단순히 기법 면에서 떠나, 당대 사회에 대한 불화와 비판의 관점에서 접근하였다. 그 일환으로 시세계 전반에 걸쳐 모더니즘적 특징과 함께 1950년대 전후 한국 사회에 대한 통렬한 비판 의식을 보여준 송욱의 시와 시론을 중심으로 연구하였다.

시인 송욱은 비판적인 풍자시인이며, 관능적인 자연시인으로, 지성에 근거한 시 정신의 치열성을 최대한으로 확대한 시인으로, 한국시의 고민이 상징되어 있는 비평적인 시인으로 평가받고 있다. 특히 그의 장시 「하여지향(何如之鄕)」은 현실 비판적인 풍자시로 한국시에서는 거의 불가능한 것으로 알려진 시 기법, 두운(頭韻), 도치, 이미지의 대립, 외국어 도입으로 주목을 끈 풍자시이다.

그는 모든 것이 부족하고 척박한 전후의 풍토에서 내면 지향의 모더니즘 시를 정착시키는 데 크게 공헌한 시인이다. 문인협회

소속 정통파를 중심으로 이른바 순수시 열풍이 불고 있는 가운데 송욱이 모더니즘의 기치를 올린 채 꾸준히 시작에 정진한 것은 그 의의가 적지 않다. 그러면서도 그의 모더니즘적 취향은 서구적 정서에 편향되지 않고, 한국적인 것을 꾸준히 추구해 갔다는 데서 의의를 찾을 수 있을 것 같다. 시어에 있어 내면성의 심화를 보여 주었다. 또한 초월적 세계를 담는 데 있어 동양 정신의 패러디화라는 새로운 미학을 시도하였다. 이는 그의 시가 갖는 전후 시사에 있어 독자적인 의의라 할 수 있다.

그는 풍자의 시인으로만 알려져 왔었지만, 범박한 풍자에 머물지 않고 고도로 함축된 상징 시어를 바탕으로 한 모더니즘 기법을 통하여 우리 시의 품격을 한 단계 끌어올린 것으로 평가된다. 그는 서구의 시 이론과 시적 기법을 자신의 시에 능동적으로 도입하면서도, 한국적인 정신을 충분히 용해시켰다. 이를 통해 한국 시가 한층 새로워지는 발판을 마련한 것으로 평가된다.

또한 송욱은 『시학평전』을 중심으로 한 시론들에서, 외래사조의 도입을 통해 우리 시에 새로움을 더하는 것과 함께 전통시의 미학을 변증법적으로 결합하여 한국시의 체질을 강화해야 한다고 주장하였다. 언어의 자율적 사용과 함께 한국적 운율과 정서를 시에 풍부하게 도입함으로써 서구적 기법과 한국 정신의 결합을 변증법적으로 시도했고 일정한 성과를 거둔 것으로 평가된다.

그는 한국적 모더니즘의 정착에 기여하는 한편, 한국시에 있어 모더니즘이 나아갈 방향에 대해 한 출구를 제시한 시인으로 평가된다.

주제어: 시인 송욱, 풍자시, 1950년대 한국 모더니즘, 상징의 언어, 동양정신, 그로테스크 미학

|차　례|

1. 문제의 제기

본 연구는 1950년대 한국 모더니즘을 단순히 기법 면에서 벗어나, 당대 사회에 대한 불화와 비판의 관점에서 접근하였다. 그 일환으로 시세계 전반에 걸쳐 모더니즘적 특징과 함께 1950년대 한국 사회에 대한 통렬한 비판 의식을 보여준 송욱의 시와 시론을 중심으로 연구하였다.

송욱(宋稶)은 1925년 4월 19일 충남 홍성에서 태어났다. 경기고교, 일본 교토대학(京都大學)을 거쳐 서울대 영문과, 미국 시카고대학 대학원을 졸업했다. 서울대학교 문리대 영문과 교수를 지낸 바 있으며, 1980년 4월 21일 사망하였다. 그는 1950년 《문예》에 「장미」, 「비오는 창」, 「꽃」 등이 추천 완료되어 문단에 등단했다. 그 후 시집 『유혹(誘惑)』(사상계, 1954), 『何如之鄕』(일조각), 『月精歌』(일조각, 1971)와 시선집 『나무는 즐겁다』(민음사, 1978), 유고시집 『詩神의 住所』(일조각, 1981) 등을 상재하고, 다수의 문예지를 통해 총 182수의 시를 발표하는 한편, 1953년 《文藝》 10월호에 「서정주론」을 발표함으로써 시작된 그의 비평 활동은 1960년대 초에 이르러 본 궤도에 들어서게 된다.

1956년부터 서구 주지주의의 영향을 받은 실험적인 시 「하여지향(何如之鄕)」을 연속적으로 발표하여 문단의 주목을 받았다.

1950년대에 창작된 그의 시들은 1961년에 간행된 그의 시집 『하여지향(何如之鄕)』에 모아져 있다. 이 시집의 3부까지는 제1시집 『유혹』(1954년 '사상계' 간)을 재수록하고 있으므로 1950년대를 절대적인 시간적 배경으로 한다고 볼 수 있다. 1950년대 송욱의 시들은 현실에 대한 부정적 인식을 바탕으로 하여 전후의 혼란한 사회상, 불안의식, 문명의 폐허, 사상적 혼란 등을 해학, 기지, 풍자의 수법으로 그려내고 있다. 본 논문은 이처럼 송욱이 1950년대에 창작한 시들과 시론을 중심으로, 그의 시와 사회 상황과의 관계를 밝혀내고자 한다. 나아가 그의 시들을 중심으로 1950년대 모더니즘과 현실 비판의 관련성에 대하여도 논구하고자 한다.

문학사는 그를 비판적인 풍자시인이며, 관능적인 자연시인으로, 지성에 근거한 시 정신의 치열성을 확대한 시인, 한국시의 고민이 상징되어 있는 비평적인 시인으로 적고 있다. 특히 송욱의 장시 「하여지향(何如之鄕)」은 "현실 비판적인 풍자시로 한국시에서는 거의 불가능한 것으로 알려진 시 기법, 두운(頭韻), 도치, 대담한 이미지의 대립, 과감한 외국어 도입의 시도로 주목을 끈 바 있다. 이 시는 김기림의 「기상도(氣象圖)」가 가지고 있는 경박한 재치를 뛰어난 현실 감각으로 극복한 것으로,[1] 또한 지성에 근거한 시 정신의 치열성을 최대한으로 확대시키고 있는 시로 평가되기도 한다.[2] 또한 이를 바탕으로 송욱은 한국시의 고민이 상정되어 있는 비평적인 시인으로 자리매김하고 있다.[3]

1.1. 선행 연구

그동안 송욱의 시에 대한 연구는 시의 언어적 특성, 실험정신과 풍자 정신을 밝히는 데 집중하였다. 이는 1950년대 이어령, 유종호, 박목월로부터 1990년대 조동구, 이지엽에 이르기까지 대체적인 경향이다. 시에 관한 월, 단평의 경우 구체적인 작품 분석은 드문 편이고, 분석하더라도 몇몇 작품에 국한되었다. 특히, 그의 대표적인 시집이라 할 『하여지향(何如之鄕)』을 중심으로 언어의 특징과 풍자 정신을 밝히는 데에 집중되어 왔다. 황정산이 『하여지향(何如之鄕)』의 세계를 가리켜, "모더니즘을 표방하는 현대시가 스스로의 자율적 체계 속에 함몰되어 가는 것을 거부하고 문명비판적 성격을 회복하여 그 시대성, 역사성을 구현하려는 노력을 보여 주는 것"[4]이라고 진단하고 있는 것도 그러한 논의의 연장선상에 있다고 볼 수 있다.

유종호는 『하여지향(何如之鄕)』을 세태 풍속의 풍자 왜곡이 가미된 비평적 시로 보고 산문시의 도입으로 역사적 사회적 일상적 현실을 대담하게 도입하게 되었다고 평하면서, 그의 시가 음악성으로 인해 산문적임에도 불구하고 시성을 유지하게 된다고 보았다.[5] 오규원은 『하여지향(何如之鄕)』을 논의의 중심에 놓고서 송욱 시가 1950년대의 전후 모더니즘의 공허한 감상과 발상을 과감한 언어실험과 현실에 대한 풍자로서, 시적 세계를 확대한 것으로 보고 있다.[6] 김현은 송욱의 말의 울림을 형태적인 울림과 의미의 울림으로 나누고, 그 방법으로 여러 형태의 운과 모순원리에 입각한 '바다' 이미지를 제시하고 있다.[7] 김춘수는 송욱의 연작시 「하여지향(何如之鄕)」을 두고 시의 형태면에서 행 하나하나의 구분에 있어서 논리를 지니고 있고 변격적인 압운을 시도하고 있다고 평한다.[8] 이승하는 송욱의 하여지향(何如之鄕)을 한국의 대표적인 풍자시로 평가하면서, 생명체의 관능미에 강한 집착을 보이던 송욱이 그 세계를 한동안 버리고 풍자시 창작에 몰두한 것은 바로 1950년대 후반의 정치 상황이 그만큼 어두웠다는 뜻이 된다고 진단한다. 또한 장시 「하여지향(何如之鄕)」에 대해 다양한 아이러니의 실험이 절정에 달한 문제작이라고 평가한다.[9]

박종석은 송욱은 전후 한국 현대시와 시론의 새로운 가능성을 확대했다. 즉, 시의 내용과 형식을 미학의 차원으로 끌어 올렸으며, 시론을 학문적 차원으로 상승시키는 데 이바지하였다고 평가하였다. 그는 송욱이 보여 준 내용의 미학적 변모는 '현실의 비극적 인식(수용)→현실 비판→사회 현실의 이탈로 자연 추구→정신적 정점을 찾은 동양정신에 나타난 초월 지향의 세계'로 나타난다고 보았다. 송욱은 1950년대 전후의 비극적 인식을 보여 주었고, 60년대 타락한 시대상과 사회를 비판하는 데 있어 독특한 방법적인 미학을 보여 주었다. 그 방법적인 미학이라는 것은 도발적인 시어 혁명이다. 한자음의 반복을 통한 시대성 비판과 비문서술의 표현으로 날카로운 풍자성을 보여 준 것이다. 또한 송욱은 시어에 있어 내면성(정신성)의 심화를 보여 주었다. 즉, 초월적 세계를 담는 데 동양정신의 패러디화라는 새로운 미학을 시도하였다는 데서 전후시사에 있어 독자적인 영역을 갖고 있다고 평가하였다.[10)]

이 같은 긍정적인 논의 외에 송욱의 시들을 부정적으로 보는 시각도 만만치 않다. 그 대표적인 이가 염무웅이다. 그는 60년대 한국시를 주도한 두 개의 경향으로 전통주의와 현대주의(모더니즘)를 들고 그 각각의 대표자로 서정주와 송욱을 꼽았다. 퇴영적 복고주의와 전통부정적 현대주의는 "겉보기에 서로 상반된 지향을 드러내 보임에도 불구하고 근본적으로 동일한 오류 위에 서 있다"[11)]라고 그는 말한다. 송욱의 시집 『하여지향(何如之鄕)』에 대해 염무웅은 "무책임한 야유와 내용 없는 말장난과 페던티즘(현학 취미)의 악취를 풍기는 어휘들의 홍수를 지적하며 한마디로 '시적 사기 행위' 일 뿐이라고 일축한다. 송욱 시의 압운은 전화번호부에서나 느낄 만한 수준의 것이며, 그의 패러디는 떠들썩한 술집에서 흔히 듣게 되는 것이라고 깎아내린 그는 결국 송욱의 모더니즘 시란 '진정한 모더니즘에의 배반이요, 시 그것에 대한 배신일 것' 이라고 몰아붙인다.[12)]

아마도 염무웅은 시의 사회적 역할에 더 비중을 두는 입장에서 송욱의 시들이 지나치게 현학적인 점을 지적하는 한편, 사회 풍자라 할지라도 진정하고 건설적인 비판보다는 언어 유희나 제스처에 치우친 점이 많다고 판단한 것으로 보인다.

이밖에 "송욱의 시적 성과는 당대의 사회적 현실의 모습을 시대의 눈으로 포착해 내고, 그것을 말의 섬세한 리듬과 형상으로 그려낸 데 있다고 할 수 있다고 평가하면서도, 그의 시적 표현 방식이 우리말의 특성을 살린 새로운 시어의 창조라는 경지에까지 도달했는가는 지극히 의심스럽다"[13]는 황정산의 평가도 새겨들을 만하다.

1.2. 연구 목표

이와 같은 점들에 주목하면서, 본고에서는 한국 전후시의 모더니즘적 경향을 송욱의 시와 시론을 중심으로 다음과 연구 과제를 설정하여 논구하고자 한다.

첫째로 한국 전후시가 처한 상황은 어떤 것이며, 그 가운데서 송욱의 시가 갖는 위치는 어떤 것인가.

둘째로 시집 『하여지향(何如之鄕)』을 중심으로 한 송욱의 시적 성과는 어떤 것이며, 1950년대 한국 모더니즘 발전에 어떻게 기여하였는가.

셋째로 시론집 『시학평전』을 중심으로 한 송욱의 시론적 성과는 어떤 것이며, 한국시의 방향 정립에 어떻게 기여하였는가.

넷째로 송욱 시가 한국 현대시에 기여한 시문학사적 성과는 무엇이며, 비판받아야 할 점들은 무엇인가.

2. 본론

2.1. 전후의 시적 풍토와 송욱의 시

송욱의 시적 출발점은 1950년대이다. 그가 새로운 시인으로서 얼굴을 내민 1953년은 종전(終戰)과 함께 기성시인들이 이념에 따라 남북으로 갈린 시점에서, 남한만의 새로운 시단이 형성될 무렵이다. 동족상잔으로 국토가 갈라진 위에 이념의 형해화에 따라 시인들은 자유롭게 노래할 수 없었고, 정신의 황폐화로 세기말적 경향이 두드러지게 나타났다. 이런 전후의 폐허 상황 속에서도 미국을 선두로 마구 밀려오는 서구 문화의 무분별한 수용으로 국적을 알 수 없는 경향의 시들이 난무하기도 했다.

송욱이 새로운 시인으로서 얼굴을 내민 53년은 종전과 함께 기성시인들이 이념에 따라 남북으로 갈린 시점에서, 남한만의 새로운 시단이 형성될 무렵이다. 동족상잔으로 국토가 갈라진 위에 이념의 형해화에 따라 시인들은 자유롭게 노래할 수 없었고, 정신의 황폐화로 세기말적 경향이 두드러지게 나타났다. 이러한 상황 속에서 미국을 선두로 마구 밀려오는 서구 문화의 무분별한 수용으로 국적을 알 수 없는 경향의 시들이 난무하기도 했는데, 권영민은 이 시기의 시적 특색을 가리켜 이렇게 지적하고 있다.

1950년대의 시에서 시정신과 시적 방법의 새로운 모색 과정이 두드러지게 드러나고 있는 점을 지적할 수 있다. 전후시의 경향은 시적 정서를 주축으로 하는 경우와 시적 인식을 주축으로 하는 경우로 대별된다. 전자의 경우는 흔히 '전통파' 또는 '서정파' 라는 말로 지칭되고 있다. 후자의 경우는 전자의 경우보다 훨씬 복잡한 양상을 나타내고 있는데, 시적 언어와 형태에 새로운 실험을 감행하면서 서정적 전통의 변혁에 주력해온 시인들과, 사회적 인식과 현실 문제를 시 속에 포괄함으로써 적극적인 서정의 구현에 힘쓴 시인들로 다시 분류해 볼 수 있다. 이들은 각각 '언어파(또는 실험파)' 와 '현실파' 로 지칭된다.[14)]

전후시의 유파 가운데 가장 큰 세력을 차지하고 있던 것은 전통파로 이들은 문협을 비롯한 문단 기구와 주요 문예지를 장악하고 있었다. 송욱은 외국문학의 영향을 흡수한 때문인지, 이들 다수파가 추구했던 시의 세계와는 달리 언어를 중시하는 실험 정신을 추구했다. 시를 통해 일상의 삶에 접근하고 개인의 내면적 정서를 추구한 성찬경, 김종삼, 김광림, 전봉건 등과 함께 분류되지만 동양정신을 내면화하고 있다는 데서 이들과 다시 변별된다.

김윤식은 한국전쟁 이후 문단의 주도권을 쥔 구세대들을 문협 정통파로 지목하면서, 이들의 세계관이 '삶의 구경적 형식' 곧 운명론으로 귀착된다고 말한다. 문협 정통파들의 운명관은 샤머니즘의 수준이며 시민사회의 삶의 감각기 깡그리고 제거되어 있으며, 삶의 총체성을 문제 삼는 리얼리즘과 썩 먼 거리에 놓여 있다고 진단한다.[15)]

이에 반하여 전후세대들이 기존의 문학과 전통에 대해 부정과 단절을 보여 주고 있으며, 전후세대 시인들의 작품에서 그것은 일차적으로 폐허 의식으로 드러난다고 보는 시각도 있다. 그것을 가리켜 이어령은 '화전민(火田民) 의식'이라고 명명한 바 있다. 그는 "우리들의 어린 곡물의 싹을 위하여 잡초와 불순물을 제거하는 그러한 불의 작업으로써 출발하는 화전민이다. 새 세대 문학인이 항거해야 할 정신이 바로 여기에 있다"[16]라고 진단한다.

송욱은 그런 면에서 내면적 정서를 추구하는 시인이면서도 다분히 화전민 의식을 지닌 시인이라고 하지 않을 수 없다. 그가 문협 정통파인 서정주의 추천으로 시단에 발을 들여놓았으면서도 안온한 구세대적 정서를 뿌리치고, 전후의 폐허를 직시한 것은 매우 독보적인 행보였다. 그 자신도 그런 위치를 자각하고 있었던 듯, 시집 『하여지향(何如之鄕)』의 서언(序言)에 이렇게 적고 있다.

> 창작하는 입장에서는 '이즘'이 그리 중요한 것은 아니다. 어떤 사회시도, 그것이 올바른 시가 되고 보면, 얼마쯤 순수시를 담고 있다. 또한 어떠한 순수시도 그것이 산 사람이 만든 것이라면, 비순수의 요소를 반드시 지니고 있다.[17]

그가 자신의 시관을 밝히고 있듯, 송욱의 초기 시세계는 전통시에 바탕하고 있으면서도, 아울러 현대의 화법을 추구하고 있음을 살펴볼 수 있다. 첫 시집의 1부와 2부에 실린 시들은 정신과 육체의 갈등과 슬픔을 밀도 있게 노래한 서정시들과 영문학도로서의 교양에 바탕한 시들이 대부분이다.

김종길은 송욱의 “시는 이 땅의 다른 시인들과는 달리 우리 시가 아니라 영시(英詩)에서 출발한 느낌을 준다. 그것도 현대 영시에 각별한 영향을 준 17세기의 ‘형이상학파 시’와 프랑스 상징시에 그 출발점을 두고 있는 것 같다”[18]고 지적한다. 송욱의 정신적 성장을 반영한 정확한 안목이라고 본다. 나아가 필자의 판단으로는 이 같은 서구 정신에 바탕한 형이상학적이 것에 한국적 정서가 가미되어, 서구적인 것의 추구에만 기울지 않고 국적 있는 시를 창작하고자 한 것이 송욱 시의 출발점이 아닌가 한다.

2.2. 1950년대의 상황과 시단 풍토

2.2.1. 1950년대의 시대 상황과 모더니즘

1950년대 전후의 한국 사회는 시인들이 생존해 가기 어려운 지극히 황폐한 토양과 공기로 에워싸여 있었다. 이런 풍토에서 시인이면 누구나 정신적 고통을 겪지 않을 수 없었고, 그것은 오염된 시대상에 대한 반항과 부적응에 따르는 방환으로 표출되었다. 권영민이 지적했듯이, 한국 전쟁은 남북 분단을 고정시키고 이념적 대립을 지속시킴으로써, 민족의 동질성을 훼손하고 민족문학의 이상도 무너뜨렸다. 한국의 전후 문학은 전후 현실의 황폐성과 삶의 고통을 개인의식의 내면으로 끌어들이고 있지만, 이데올로기의 허구성을 정면으로 파헤치지 못한 채 정신적 위축 상태를 벗어나지 못했다.[19)]

이와 같은 1950년대 전후의 한국시 풍토를 잘 말해주고 있는 것이 후반기 동인이다. '후반기(後半紀)' 즉 1950년대를 지나 이십세기의 후반이라는 의미의 이름이 상징하듯 새로움을 추구하고 전통과의 단절을 지향한다. 그들은 분단 현실을 기화로 문단의 전면으로 부상한 우리 시단의 '순수파'[20)]에 대한 비판을 공식화한다. 그와 함께 이들은 시에 있어서의 현대성 추구, 즉 도시적 감수성을 바탕으로 한 모더니즘을 우리 문단에 부활시켰다.

서준섭에 의하면, 한국 현대시사상 모더니즘은 3단계로 나뉜다. 그는 1930년대를 초기, 1950년대를 중기, 1980년대를 후기 모더니즘으로 보고 있는데, 송욱이 1950년대 시작 활동이 기반하고 있는 것이 바로 이 중기 모더니즘에 해당한다.[21]

1950년대의 모더니즘은 우선 전통파의 순수시적 경향에 반대하면서 전후에 새롭게 대두한 도시적 문물을 시의 소재로 과감하게 끌어들였다는 데 의의가 있다. 한편으로 전후의 현실에 몰입되기보다 개인적 불화 의식을 바탕으로 데카당스한 시적 정서를 폭 넓게 전개해 보여주었다는 데 의의가 있을 것이다.

방울마다 목을 메고
이슬지는 한 떨기
꽃송이가,
웃음짓는 두억시니
어머니 뱃속인가.
도깨비 사탕발림
무덤 속인가.

아버지가 부르는
여기는 낭떠러지.
풀 한 포기 나지 않는
거센 바람에
목이 잠긴 물결이여.
소리치는 송장을
헤어 왔는데,

날름대는 불길이여.
끈끈이에 붙은 넋을
이 몸을 아아 받어나다오.

—「'햄릿트의' 노래」 부분

송욱의 첫 시집 『유혹』에 수록된 작품이다. 통상적인 조사(措辭)를 떠나 시어의 비약과 강한 상징성이 깃들어 있는 데서 서구 현대시의 영향이 보이면서도, 한국적인 정서가 결합되어 있다는 점에서 초기 송욱 시의 특질을 가늠하게 해주는 작품이다. 화자는 첫 대목에서 '방울마다 목을 메고/ 이슬지는 한 떨기/ 꽃송이' 라고 제시함으로써 겉으로는 그럴듯하면서도 위기에 처한 1950년대 전후의 상황을 암시한다.

그 같은 현실 인식은 '사탕발림', '목이 잠긴 물결', '끈끈이' 등의 시어를 통하여 상징된다. 타의로 분단된 현실 속에서 주어진 서구 자본주의 질서와 자유기 진정된 것이 아닌 겉과 속이 다르다는 인식을 함축하고 있다고 볼 수 있다. 그 같은 절름발이 통일과 민주주의로 포장된 사회적 공기 속에서 화자는 자신을 '햄릿트'로 환유하면서, 낭떠러지 위에서 물과 불 가운데서 어떤 것을 선택할지 몰라 방황해야 하는 처지를 형상화하고 있다. 전통적인 시어를 사용하고 있으면서도 언어의 자율적 사용을 변증법적으로 구사하고 있는 현대적 서정시라고 볼 수 있다.

『유혹』에 수록된 작품들은 작자의 풍자적 경향을 잘 드러내고 있는데, 시인은 여기서 이 사회를 '별난 마을'로 비꼬는 타의적 질서가 지배하고 있는 사회와의 불화 의식을 깊게 내면화하고 있다. 초기의 송욱은 동시대의 다른 시인과 마찬가지로 1950년대 전후 실존주의에 영향을 받았으며, 이후 상징적 이미지를 통해 초자연적 영역에로 확산되며, 마지막으로 신체에 대한 현상학적 인식을 정립하며 동시에 말과 사물에 관심을 집중시키게 된다.

또한, 시속과 세태의 이모저모도 풍자의 대상이 되고 있다. 뿐만 아니라, 시적 소재가 따로 있는 게 아니라는 입장이 대담하게 드러나 있다는 점에서 전위적 요소도 없지 않다. 그러나 이 시집의 가장 중요한 특징은 다각적으로 실험되고 있는 말놀이 성향이다. 이러한 다채로운 말놀이의 시도는 그것대로 재미있는 것이지만, 중요한 것은 그것이 '망종(亡種)이 펼쳐가는 만물상'(「하여지향 1」)을 드러내면서 1950년대의 시대상에 대한 비판적 인식을 시로써 구체화하고 있다는 점에서 주목이 간다.

> 薔薇밭이다.
> 붉은 꽃잎 바로 옆에
> 푸른 잎이 우거져
> 가시도 햇살 받고
> 서슬이 푸르렀다.
>
> 벌거숭이 그대로
> 춤을 추리라
> 눈물에 씻기운

발을 뻗고서
붉은 해가 지도록
춤을 추리라.

薔薇밭이다
피 방울 지면
꽃잎이 먹고
푸른 잎을 두르고
기진하며는
가시마다 살이 묻은
꽃이 피리라.

-「薔薇」 전문

이 작품은 시집 『하여지향(何如之鄕)』의 권두시에 이어 모두에 실린 작품이다. 《문예》지의 추천작으로, 당시 전통시들에 풍미하던 주정적인 정서 대신 이미지를 중심으로 전개되고 있는 것이 가장 큰 특징이다. 시인은 직정을 표출하는 대신 '붉은 꽃잎'과 '푸른 잎'이라는 현란한 이미지의 전개를 통해 삶의 무늬를 형상화하고 있다.

칼 융에 따르면 "붉은 색은 고동치는 피와 불의 색으로 격동적이고 비통한 정서를 상징한다. 반면에 초록색은 지상적인 색이며, 우리가 손으로 만질 수 있고 직접 자각할 수 있는, 모든 성장하는 사물들과 관계된다. 따라서 초록색은 관능이나 감각을 상징한다."[22] 이를 확대해 보면 붉은 색은 피, 상처, 죽음의 고통, 승

화와 관계되며, 초록색은 광물의 세계를 표상 하는 검은색과 피와 동물의 세계를 표상하는 붉은 색을 연결하며 동시에 동물적 유기체의 세계와 해체나 죽음의 세계를 이어 주는 기능을 발휘한다.[23)]

이 같은 색채의 상징에서 유추해 볼 때 이 시는 자연 관조가 아니라 '장미' 를 통해 전후적 삶의 공간에 위치한 시인의 열정과 차가운 현실의 갈등을 노래하고 있다고 볼 수 있다. 그 같은 갈등의 정서는 이 연의 끝에 자리 잡은 '가시도 햇살 받고/ 서슬이 푸르렀다' 는 구절로 귀결되어 나타난다.

'붉은 꽃잎' 과 '푸른 빛' 의 이항대립(二項對立) 구조는 2연에서는 '붉은 해' 와 '눈물에 씻기운 발' 로, 3연에서는 다시 '핏방울' 과 '푸른 잎' 으로 변용되어 나타난다. 이런 정열과 그것을 꽃 피우기 어려운 현실의 대립은 '벌거숭이 춤' 으로, 때로는 '가시마다 살이 묻은 꽃' 으로 형상화되어 제시된다. 전쟁의 소용돌이 가운데서, 시인이 꿈꾸는 정신이 현실의 세계에서 정착되지 못한 채 표류하고 있음을 보여주고 있다. 가시 숭숭 돋은 장미밭에서 추는 벌거숭이 춤을 가리며 김춘수가 '생명 긍정의 표현' [24)]이라고 읽고 있는 점은 참고할 만하다.

또한 정한모 · 김용직은 이 시의 장미를 가리켜 '생의 근원적 모순과 갈등을 극렬하게 내뿜고 있는 인생 그것 자체' [25)]라고 갈파하고 있다. 이렇듯 송욱은 시인으로서의 출발에서부터 생생한 색채 이미지의 구사로 내면을 전달하고자 시도했으며, 이러한 점에서 박재삼 등의 전통적 서정파와는 다른 궤적을 그리기 시작했다고 볼 수 있다. 이 같은 정서는 송욱의 초기 시에서 「觀音像 앞에서」, 「꽃」 등의 시에서도 잘 나타나고 있다.

①하늘이 본받도록
굽은 線이여
소리없는 햇살이
말씀이었다.

얼씬 움직이면
바람이 자고
발꿈치가 따스한양
구름이 희다.

―「觀音像 앞에서」 부분

②불꽃을 가지고
밤을 준 것을
울지도 못하고
머리만 숙여,

얼마나 많은 별이
울고 갔을까
주지고 못하고
불러 온 나를
불꽃을 가지고
밤을 준 것을.

―「꽃」 전문

①의 시에서는 전통적인 소재를 택하고 있지만, 서정주 류의 정감 어린 접근은 찾아볼 수 없다. '햇살', '구름' 등의 선명한 시각 이미지를 통해 작자가 느낀 법열(法悅)을 엿보게 해줄 뿐이다. '햇살이 말씀이었다'는 은유는 송욱이 영문학도로서 건조하고 단단한 이미지(dry-hard image)에 비중을 두었던 T. E. 흄 주도의 이미지즘의 영향을 받았음을 암시해 준다.

②의 시 역시 일차적 어의를 기초로 한 의미 파악만으로는 정확한 메시지를 알아낼 수 없다. '불꽃', '밤', '별' 들도 개인적 차원의 상징 시어의 의미를 파악한 위에 전체적인 맥락을 재구성해 낼 수 있는 시이다. 원시인들의 경우 불은 태양으로부터 발산되는 조물주로 이 조물주가 지상에 재현된 것이었다. 이런 사실로부터 불은 햇빛과 관련되는데, 이것은 태양이 보여 주는 활력과 사물을 지배하는 힘을 암시한다. 또한 불꽃은 G. 바슐라르의 경우 초월성을 상징하며, 다른 한편으로는 개인들에게 생명을 부여하는 정신적 원리 내지는 영혼의 발산을 상징한다.[26]

이에 반해서 밤은 여성적이고 무의식적인 수동성의 원리를 상징한다. 헤소이드는 밤을 가리켜 '신들의 어머니'라고 불렀는데, 여기에서 유추되어 밤은 물이 그렇듯이 비옥, 잠재력, 발아를 의미한다.[27]

시의 상징은 순전히 개인적인 것이기 때문에 이 같은 전통적인 상징만으로는 그 의미를 온전히 파악하는 데 충분하다고 볼 수 없지만, 어느 정도는 접근이 가능할 것이다. 그러므로 '불꽃을 가지고/ 밤을 준 것을' 이라는 대목은 정열로써 세상에 임하는 시인에게 꽃은 정열로써 화답하기보다 내면을 투시할 수 있는 비옥한 자아를 건넨 것으로 유추될 수 있을 것이다.

불꽃은 다분히 육체적인 반면 밤은 그것을 차분히 가라앉히는 정신을 의미한다. 여기에서 별은 두 대립적 구조 사이에 존재하는 것으로 '신비의 중심이자 우주로 확장되는 힘' 을 상징한다고 볼 수 있다. 이런 개별 시어의 상징을 바탕으로 하여 의미를 재구성해 볼 때, 시인은 1950년대라는 폐허의 공간에서 좌표를 정하지 못하는 정신의 풍경을 담아내는 데 부심하고 있다고 할 수 있을 것이다.

시집 『하여지향(何如之鄕)』의 2부에서는 송욱이 영문학도였음을 말해주는 시편들을 다수 찾아볼 수 있다. 「'쥬리엣트' 에게」, 「'햄릿트' 의 노래」, 「라사로」 등 서구적 교양에 바탕한 시들이 그것이다. 이는 그가 한국적인 정서 못지않게 영문학 지식을 바탕으로 한 소재와 착상에 많은 부분을 기대고 있음을 암시해 준다.

①그대와 나는
밤하늘에 부딪친
벗갯불이니,
눈물이 설레는
바다를 간다.

어느 별이 당기는

망석중인데,
두 볼을 고이는
줌 안에 들어
붉은 피가 아로새긴
이름이든가.

—「'쥬리엣트' 에게」 부분

②방물마다 목을 매고
이슬지는 한 떨기
꽃송이가,
웃음짓는 두억시니
어머니 뱃속인가.도깨비 사탕발림
무덤 속인가.

아버지가 부르는
여기는 낭떠러지.
풀 한 오리 나지 않는
거센 바람에
목이 잠긴 물결이여.

—「'햄릿트' 의 노래」 부분

두 편 다 셰익스피어의 작품을 추체험으로 삼고 있으나 그것은 단순히 소재의 차용이라기보다 시인이 딛고 선 현실을 알레고리화하고 있다는 느낌을 준다. ①의 시에서 '그대와 나는/ 밤하늘에 부딪친/ 벗갯불이니' 하는 대목은 송욱이 분단의 공간이라는 폐허에서 육체와 정신이 합일되지 못한 채 갈등하고 있는 모습을 연상시킨다. ②의 시에서도 역시 갈등의 구조가 바탕이 되어 있다. 햄릿이 원래 분열적인 존재임은 익히 아는 사실이지만, '아버지가 부르는/ 여기는 낭떠러지./ 풀 한 오리 나지 않는/ 거센 바람' 이라는 구절을 통해서 좌표를 잃은 채 방황하는 정서를 읽을 수 있다.

영문학자로서 17세기의 영국의 '형이상학파 시' 와 프랑스 상징시에 바탕한 형이상학적인 것에 한국적 정서가 가미되어, 서구적인 것의 추구에만 기울지 않고 국적 있는 시를 창작하고자 한 것이 송욱 시의 출발점이 아닌가 한다.

2.2.2. 모더니즘으로 읽은 혼란기의 풍경

한국전쟁 직후의 혼란기를 겪으면서 시문학에서 새롭게 대두된 모더니즘은 단순히 문명에 대한 감각과 도시적 서정의 세계만을 추구하지 않고, 실존적이며 내면화된 부정적 사유를 통해 전후 사회의 인간 조건을 탐구하고 현대적인 서정성을 회복하려는 이념을 추구하였다. 1950년대 모더니즘은 일단 언어의 자율적 사용, 미적 자의식 등의 외면적 특성과 함께 산업화, 도시화로 일별되는 현대 문명의 비인간적인 면에 대한 비판 의식에 뿌리를 두고 있다고 볼 수 있다.

즉 모더니즘은 새로운 양식이자 세계 자본주의 혹은 산업화 사회가 불러온 속물주의에 대한 내면적 저항이라고 볼 수 있다. 그는 '후반기' 동인처럼 집단을 이루어 기존의 한국 시단에 반발하면서 데카당스한 활동을 벌인 것은 아니지만, 지성적인 시 기법과 한국적인 정서의 변증법적 결합을 통하여 진경을 보인 시인이다. 그는 시와 시론에 있어서 초현실주의를 본격적으로 표방하면서 기존의 서정시 일변도의 시단에 반기를 들고 일어선 대표적 시인이다. 시어의 관용적 사용을 멀리하면서 고도의 개인적 상징을 구사하는 한편 절름발이 지식인들에 대한 통렬한 풍자를 전개한 그의 시가 이후 한국 현대 시단에 미친 영향은 간과할 수 없다고 본다.

김용직은 우리 시의 모더니즘을 크게 온건형 모더니즘과 과격형 모더니즘으로 나눈 바 있다. 온건형 모더니즘은 영미 모더니즘으로 T. E. 흄의 세계관에 바탕을 둔 이미지즘에서 발단하고, 과격형 모더니즘은 대륙 쪽에서 형성된 표현파, 미래파, 다다, 초현실주의 등을 일컫는다.[28] 그런 점에서 자율적 언어, 미적 자의식에 바탕한 상징과 현실 풍자, 시어의 도치 등을 구현한 송욱은 한국시단에 본격적으로 과격형 모더니즘을 도입하고 실천한 사람으로 볼 수 있을 것이다.

그 속에서 원자핵(原子核)이
갈라질 때에
그 속에서 원형질(原形質)이
이어지는데,
나라든가 우리든가
사람과 사람 사이 그림자든가.

수심 낀 눈망울에
들어가서는,
오오 앙상한 갈비뼈만
드러난 '빌딩' 이
핏줄에 흘리는 어둠이라면,
타다 남은 입술이
분냄새를 웃기는데,

—「그 속에서」 부분

붉은 해가 돌기에
어지러운데
뱃속이
땅 끝이 집안인가.
그림자가 이웃하면,
목을 거슬려
살붙이가 기어올라,
입 밖에 내지 못한
욕지거리를
빗발을 씹고,
하늘이 뚫리다가 땅이 꺼지는
사고 팔고 하는 사이,
그대여 창을 열라.
나무를 바라거든 티끌로 가라.

—「시체도(時體圖)」 부분

초기시지만 전통적 소재를 채용하고 있으면서도 사전적 의미에서 벗어난 자율적 언어 사용, 한자어의 중의적(重意的) 구사, 현실 풍자들이 결합되어 있어 이후 송욱의 시세계 전개를 조망하게 해주는 작품들이다. 앞의 작품에서 화자는 '원자핵(原子核)이/ 갈라질 때에/ 그 속에서 원형질(原形質)이/ 이어' 진다는 언술을 통하여 기존의 어법과는 전혀 다른 조사법을 구사한다. 즉, '원자핵(原子核)', '원형질(原形質)' 등의 시어는 기존의 어의로는 파악이 안 되는 영역에 놓여 있다. '원자핵'은 타의에 의하여 촉발된 전쟁과 분단 현실이라는 거대한 음모를 환기시킨다. 나아가 '원형질'이라는 시어는 그와는 대척점에서 민족의 진의와는 무관하게 주어진 이산(離散)이라는 거대한 폭력에도 불구하고 끝내 갈라질 수 없는 민족정신을 환기시킨다. 이 시에는 전후의 급속한 외래 사조 수용과 졸속한 복구에 대한 화자의 인식도 배어 있는데, 가령 '오오 앙상한 갈비뼈만/ 드러난 빌딩', '분냄새' 등의 시구는 겉으로만 그럴듯하게 포장되어 있을 뿐 속이 텅 빈 전후 현실에 대한 통렬한 풍자라고 볼 수 있다.

뒤에 든 시에서는 더욱 전복적 조사(措辭)와 사유가 구사되어 있다. 우선 제목으로 설정된 '시체도(時體圖)'라는 시어부터 심상치 않다. 사전에도 등재되어 있지 않은 조어이다. 한자 어의를 통해 유추하면 '시국에 대한 조감도' 정도일 터이지만, 그 같은 생경한 조어라기보다 '시체(時體)'와 '시체(屍體)'라는 중의의 구조를 통하여 화자의 현실 인식을 은연중에 드러내고 있다고 보는 편이 더 타당할 것이다.

이 같은 중의 구조는 이 시에서 중요한 축을 이루고 있는데, '붉은 해가 돌기에/ 어지러운데/ 뱃속이/ 땅 끝이 집안인가' 라는 구절도 그 일환이라고 볼 수 있다. 여기서 '붉은 해' 는 한국전쟁의 한 당사자를 일컫는다. 나아가 '땅 끝이 집안' 이라는 시구는 동족상잔으로 인하여 민족이 뿌리 내일 터전이 송두리째 사라진 현실을 가리키고 있다. 나아가 화자는 '하늘이 뚫리다가 땅이 꺼지는/ 사고 팔고 하는 사이,/ 그대여 창을 열라' 고 언술함으로써 그 같은 현실에 안주하지 말고, 민족의 진의와는 반대로 가는 현실에 맞서서 자주적으로 새로운 전망을 열어가야 한다는 인식을 내면화하고 있다고 하겠다.

이렇듯 1950년대 창작된 송욱의 시들은 현실에 대한 전복적 인식을 언어의 자율적 사용을 통해 구체화하면서, 전통과 현대의 접목이라는 새로운 영역을 선보이고 있음을 살펴볼 수 있다. 그런 점에서 그는 '후반기' 동인들의 도시적 정서 및 데카당스와는 다른 각도에서 1950년대 모더니즘의 중요한 지분을 차지하고 있다고 하겠다.

겉으로는 리얼리즘의 시정신과 배척되는 시정신을 보여주면서도 송욱은 전후의 타협주의적 지식인상, 나아가 전후 시인들의 순응적이고 권력에의 굴종을 시와 시론을 통하여 정면으로 비판하였다. 그의 시가 보이는 언어의 자율성 추구, 다의성을 중심으로 한 명징한 이미저리의 구현, 언어의 도치를 통한 해체주의적 사유는 그를 모더니즘 계열의 시인으로 평가하는 데 이의를 제기

할 수 없게 한다.

하지만 그는 이 같은 모더니즘 미학의 추구 못지않게 한국적인 정서를 추구하였으며, 전후 한국 현실에 대해 예리한 비판으로 일관하였다. 그는 영문학도로서 한국의 어느 시인에 못지않게 서구적 교양을 지닌 시인이었다. 실제로 그는 서구의 시론을 한국에 선구적으로 소개하기도 했고, 현대시의 주요한 특질인 이미지와 아이러니 및 언어의 도치 등을 실제 시작에 과감하게 도입한 시인이기도 하였다. 또한 어두운 시절에는 누구보다 과감하게 시로써 정권의 부패와 독재에 항거하였다.

2.3. 송욱 시의 상징과 해석

2.3.1. 상징에 대한 새로운 접근

어번(W. M. Urban)은 언어의 발달 과정을 사실적 단계와 유추적 단계, 상징적 단계의 셋으로 분류한다. 사실적 단계는 대상을 흉내 내는 묘사의 언어 사용 단계이며, 유추는 비유적 언어 용법을 구사하는 걸 가리키며, 상징은 기호의 일종으로 이른바 기호로써 다른 어떤 것을 대신하는 걸 가리킨다.[29] 인간이 구사하는 모든 언어는 개인적 상징 기호의 집합체라고 해도 좋을 것이다.

여기서 한 걸음 더 나아가 프랑스의 문예이론가 츠베탕 토도로프(Tzvetan Todorov)는 상징은 이론에도 귀 기울일 필요가 있다. 그는 상징이 레토릭으로 떨어지는 것을 경계하면서, 상징(symbole)은 말(mot)로서가 아니가, 사실로 파악되어야 한다고 주장한다. 상징은 단순히 레토릭이 아니라 '상징체계'(symboliques)라 일컬어지는 현상을 고찰해야 한다고 그는 주장한다. 상징에 의한 환기 작용(vocation)은 직접적인 의미 작용에 접목되는 것이며, 상징의 개념은 따로 떼어서 연구할 수 없다고 주장한다. 상징은 기호와 해석, 실용과 놀이, 전의(轉義)와 문채(文彩). 모방과 미, 예술과 신화, 압축(壓縮)과 전이(轉移) 등과 함께 검토되어야 한다고 주장한다.[30] 그는 문장의 직접적 의미 차원과 담화의 간접적 의미 차원을 통일적으로 파악하여 그 통일성을 근거로 문맥 내적 상징 의미와 문맥외적 상징 의미, 그리고 그 요소들의 관련 양상을 언어학적 또는 구조적으로 설명하고자 한다. 즉 문학 텍스트를 '상징적 의미 구조체'로 파악하고자 하는 것이다. 토도로프는 모든 언술(言述)에는 직접적 의미와 간접적 의미가 있다고 말한다.

> 담화(談話)에 적합한 '의미'가 '직접적'이라고 불러질 수 있게 되는 반면, 발화는 담화에서 이식된 간접적 추론적 의미를 가진다.(중략) 의미의 간접적 생산은 모든 담화에 존재하며, 중요한 담화를 포함한 어떤 종류의 담화에서는 아마도 가장 지배적인 역할을 할 것이다.[31]

즉, 직접적인 언술보다 모든 언어는 그것이 환기하는 간접적 의미가 더 비중 있게 검토되어야 한다는 것이 토도로프의 견해이다. 환기는 단지 단어에 그치지 위에 든 제요소를 종합적으로 고려해야 함은 물론이다. 이 같은 토도르프의 견해는 풍자시 등을 해석하는 데 지극히 유용하다. 토도로프가 소개하는 프레그(Frege)의 삼분법에 따르면 "하나의 기호는 하나의 발화(reference), 하나의 의미(meaning), 그리고 그것에 연상되어진 하나의 이미지(Bedeutung, sinn, Vorstellung)를 갖는다는 것이다.38) 단선적인 의미의 파악에 그치지 않고, 확장 언어적 국면을 골고루 검토할 수 있기 때문이다.

立體다 죽음이다
서있는 송장이다.
쫓겨난 중이라
제 머리를 깎는다면,
술을 벗삼아 이야기하랴.
그대가 죽은 뒤에 돈을 알다니!
그 나라에는 열매가 있고 나무가 없다.
그 나라에선 손아귀에 제풀로
모든 것이 쥐어진다.
깜깜나라에선
바보가 어느듯
바보 똘똘이
똘똘이가 어느새
똘똘이 바보
직업을 단벌 옷처럼 입고,
떨어진 양심을
양말처럼 신었지만
언제나 원망을 들어가면서
언제나 민망하게 지내야겠다.

—「하여지향(何如之鄕)、2」 부분

위의 시는 정체성과 존엄성을 상실한 채 소시민적으로 양심을 버린 채 살아가는 인간 군상에 대한 풍자를 담고 있다. 연작장시 「하여지향(何如之鄕)」은 자유당의 독재가 강화되고 민생이 도탄에 빠졌던 1950년대 말을 시대적 배경으로 삼고 있는 풍자시이다. 하지만 이 같은 범박한 시대 풍자 외에도 의미의 확장과 환기에 있어서도 신선감이 넘치는 작품이다. '바보가 어느듯/ 바보 똘똘이/ 똘똘이가 어느새/ 똘똘이 바보' 라는 대목은 그것을 잘 보여준다. '바보' 는 축자적으로 '사리의 판단이 느린 사람' 또는 '상황에 대한 판단력이 흐릿한 사람' 을 가리키는 말이겠지만, '바보 똘똘이' 라고 병치시켜 놓으면 '우직한 자' 또는 '정직한 자' 라는 뉘앙스를 동반하게 된다.

이와는 반대로 '똘똘이 바보' 고 거꾸로 놓으면, '줏대 없는 지식인' 이라는 간접적 의미를 생산하게 된다. '직업을 단벌옷처럼 입고,/ 떨어진 양심' 이라는 대목도 마찬가지이다. '단벌 옷' 은 단출한 옷이라는 발화에서 출발하지만, 여유를 가질 수 없는 처지라는 의미를 띠게 되고, '나아가 자기밖에 모르는 소시민' 또는 '줏대를 버린 지식인' 이라는 이미지로 발전하게 된다. 뿐만 아니라 '떨어진 양심을/ 양말처럼 신었지만' 이라는 대목의 '떨어진' 은 작게는 중의법을 연상시키지만 '전의(轉義)와 문채(文彩). 모방과 미' 등의 미학을 거쳐 새롭게 의미망을 구성하게 되는 것이다.

같은 시집에서 몇 편을 더 인용해 보자.

> ① 永生이란 勤務時間 24時間
> 두리번거리는 잠자리의 눈알처럼
> 손 발을 부비대는 파리의 조바심에
> 하늘과 땅이 더불어 돈다.

우습다 하지 마라
춤을 추는데,
흥에 겹다 하지 마라
매를 맞는데,
呼吸器 消化器 生殖器,
꼼짝 아니하고
우니? 서있니?

—「生生回轉」 부분

② 파리 떼,
까맣게 몰려들어 불타는 글씨.
머릿골에 붉은 해가 뜰 수 있으랴?

잉잉거리는 가락이 눈 감기면,
개미 떼,
저자서고 흥청대고.

—「詩人」 부분

③ 목숨이 잊을 수 어쩔 수 없이
뎅그랑 짤리어 흘러 가면,
되살아 고개 들어
꼬꼬대 목을 뽑는 울음인데,
깔깔대는 목청이
피에 젖은 아우성을,
죽음이 목숨을 없수이 여기는가.

—「슬픈 새벽」 부분

위의 시들도 전반적인 레토릭은 풍자를 중심으로 삼고 있지만,

그것만으로는 의미망의 파악이 미흡하다. 개별 시들에 간간히 춤, 파리 등의 상징 시어가 등장하지 않는 것은 아니지만 꼼꼼하게 읽어 보면 압축과 전치(轉置), 문채 등을 통해 다양한 의미를 새롭게 생성하여 나감을 알 수 있다. ①의 시에 모두에 나오는 '永生이란 勤務時間 24時間'은 패러독스를 기반으로 하고 있지만, 다른 한편으로 전망을 상실한 한 해 하루하루를 살아가야만 하는 민초들의 삶을 상징한다. '손 발을 부비대는 파리의 조바심에/하늘과 땅이 더불어 돈다'라는 대목에서는 '파리'라는 상징어 외에 실용과 놀이 들의 장치를 통해 성실과 실력이 아닌 아첨과 연줄에 의해 잘못 돌아가는 세상을 상징하고 있는 것이다. ②의 시에서도 역시 '파리 떼,/까맣게 몰려들어 불타는 글씨'를 통해 그 같은 의미의 확장을 잘 살펴볼 수 있다. '파리'와 '글씨'는 각각 우중(愚衆)과 '지식 또는 질서'를 상징하지만, 이 같은 좁은 의미에 머물지 않고, '개미 떼,/저자서고 흥청대고.'라는 구절을 통하여 그 같은 혼돈과 무질서가 극한으로 치닫는 세상을 상징하고 있다. ③의 시는 과장과 아이러니가 주조를 이루고 있다. 하지만 기호와 그에 따른 해석을 통해서 무한하게 새로운 의미망에 닻을 내릴 수 있다. 토도로프는 낭만주의자들이 기호 대신 우의(allegory)로 대체시켰음을 지적하면서, 연상에 의해서 무한하게 의미가 확대될 수 있다고 지적한다. 그는 의미에는 어느 것이나 이식된 연상이 있을 수 있다고 주장한다.39) 그에 비추어 볼 때 '꼬꼬대 목을 뽑는 울음'은 혼신을 다해 외친다는 점에서 죽음을 연상시키며, 그것을 자신 앞의 생을 다 버린 희생을 연상시킨다. 나아가 '죽음이 목숨을 없수이 여기는가' 하는 대목은, 그 같은 희생이 있다면 있기에 새벽이 올 수 있다는 의미로 확장된다.

이렇듯 그의 시는 단순한 풍자를 넘어 다양한 상징 기법의 구사, 또한 그를 통한 의미망의 확장을 통해 독자들에게 시의 맛을 선사함은 물론 시적 메시지를 강화하고 있음을 살펴볼 수 있다.

2.3.2. 환유를 통한 의미의 확산

김현은 "송욱은 우선 무엇보다도 먼저 말의 울림에 예민한 시인이다. 그 말의 울림이란 형태적 혹은 음성적인 울림, 의미의 울림을 다 껴안고 있는 개념이다"[34]라는 의미있는 말을 남긴 바 있다. 말의 울림은 리듬감이 좋다는 말도 될 것이지만 연상 작용과 환유(換喩)에도 능하다는 의미로 확장시켜 볼 수도 있다.

환유법은 한 사물이나 개념을 그것과 깊이 연관되어 있는 속성을 빌려 말하는 수사법을 말한다. 은유법이 유추 작용을 통하여 유사성을 찾아내는 수사법이라면 환유법은 인접성에 따른 수사법이다. 인접성은 비단 공간적 인접성과 시간적 인접성에 그치지 않고 원인과 결과같이 좀더 논리적인 인접성도 포함된다. 또한 환유법은 사물의 개념의 특징이나 그것과의 연관성에 의해서도 이루어진다.[35]

또한 환유는 전통적인 수사법을 넘어 정신분석 비평에서도 중요한 수단이 되고 있다. 라캉은 "무의식은 언어와 같이 구조되어 있다"고 선언함으로써 언어와 무의식의 문제를 정신분석학의 정면에 부각시킨 바 있다. 그는 한 단어에 대한 다른 단어의 대체 현상을 은유적 관계로 보았고 이것을 프로이트의 또 다른 중요한 무의식 개념인 압축 현상과 연결시킨 바 있다. 그는 언어의 두 축인 은유와 환유를 프로이트의 핵심적 무의식 개념인 압축(壓縮)과 전치(轉置)에 연결시켜 생각함으로써 무의식에 대한 언어적 접근을 수행하고 있다.[36]

라캉의 환유 개념은 소쉬르가 제안한 기표(signifiant)와 기의(signifi)의 개념에 뿌리를 두고 있다. 소쉬르는 "어떤 사람들에 있어서는 언어가 그 기본 원칙에 있어 하나의 어휘집, 달리 말하면 사물의 수 만큼에 해당하는 용어들의 목록이다"라고 말함으로써, 언어는 사람과 사람 사이를 잇는 기호임을 선언한 바 있다. 또한 언어 기호가 결합시키는 것은 한 사물과 한 명칭이 아니라. 하나의 개념과 하나의 청각 영상이다. 이 청각 영상이란 순전히 물리적 사물인 실체적 소리가 아니라, 그 소리의 정신적 흔적, 즉 감각이 우리에게 증언해 주는 소리의 재현이다라고 말한 바 있다. 따라서 기표를 기의에 결합시키는 관계는 자의적이라고 언명한다.[37] 이는 구조주의 시학에 속한다.

자크 라캉은 사유의 체계에 언어의 구조를 끌어들인다. 즉 기표는 기의에 닿고자 하지만, 기표는 단 하나의 기의에 고정되지 않고 관계 속에서 또다른 의미를 낳는다. 기의는 의미의 저항선

아래로 끊임없이 미끄러지게 되고, 따라서 의미의 연쇄, 즉 기의의 미끄러짐은 기표의 절대적인 우위를 암시한다. 기표들의 차이가 기의를 가능케 하면서도(은유), 그 기의는 꼬리를 물고 연결된다.(환유). 이것이 라캉이 말하는 기표의 두 가지 특성이다.[38] 이는 수사법으로는 비유에 속하지만 이런 끝없는 은유와 환유의 반복 관계는, 일반적으로 수사법에서 말하는 상징 이미저리의 다의성(多義性)에 대한 또 다른 접근이라고 생각된다. 이런 접근은 시어의 분석에 인간 정신의 영역, 특히 무의식을 새롭게 도입하였다는 점에서 또 하나의 분석의 틀이 될 수 있다고 생각된다.

솜덩이 같은 몸뚱아리에
쇳덩이처럼 무거운 집을
달팽이처럼 지고,
먼동이 아니라 가까운 밤을
밤이 아니라 트는 싹을 기다리며,
아닌 것과 아닌 것 그 사이에서,
줄타기하듯 모순(矛盾)이 꿈틀대는
뱀을 밟고 섰다.
눈 앞에서 또렷한 아기가 웃고,
뒤통수가 온통 피 먹은 백정(白丁)이라,
아우성치는 자궁(子宮)에서 씨가 웃으면
망종(亡種)이 펼쳐 가는 만물상(萬物相)이여!
아아 구슬을 굴리어라 유리방(琉璃房)에서
윤전기(輪轉機)에 말리는 신문지(新聞紙)처럼
내장(內臟)에 인쇄(印刷)되는 나날을 읽었지만,

그 방(房)에서는 배만 있는 남자들이
그 방(房)에서는 목이 없는 여자들이
허깨비처럼 천장에 붙어 있고,
거미가 내려와서
계집과 술 사이를
돈처럼 뱅그르르
돌며 살라고 한다.

—「하여지향(何如之鄕)、1」 부분

모두 12편으로 이루어진 연작시의 첫 번째 시이다. 영미 주지주의의 영향을 받고 쓴 실험적 작품으로, '시는 문명(文明)의 표정(表情)' 이라는 송욱 자신의 시관(詩觀)이 잘 반영된 이 시는 북한의 남침으로 인한 6、25 이후의 한국 현대의 사회 풍속, 정치적 혼란, 사상적 카오스(Chaos), 이지러진 문명 등을 해학, 기지, 풍자, 야유의 수법으로 표현한 것이다. '하여지향(하여지향(何如之鄕))' 이라는 말은 고시조 「하여가(何如歌)」에서 볼 수 있는 것처럼 '이런들 어떠하며 저런들 어떠하리의 마을' 로 풀이할 수 있다. 그러므로 그 마을은 '부조리(不條理)가 가득한 현실 세계' 를 상징하는 것으로 볼 수 있다.

하지만 이 시를 꼼꼼히 살펴보면 끈끈한 환유의 구조로 이루어져 있음을 알 수 있다. 첫 대목에서부터 의미의 연쇄 구조를 갖고 있다. 시인은 '솜덩이 같은 몸뚱아리에/ 쇳덩이처럼 무거운 집을/ 달팽이처럼 지고' 산다고 설파하고 있다. '솜덩이→쇳덩이', '집

→달팽이'로 이어지는 시어들은 서정적 자아가 짊어지고 살아가는 고달픈 삶을 연상시켜 가는 환유의 한 갈래로 볼 수 있다.

이어서 시인은 허상을 쫓으며 살아가는 왜곡된 문명에 둘러싸인 일상을 풍자하고 있다. '눈 앞에서 또렷한 아기가 웃고,/뒤통수가 온통 피 먹은 백정(白丁)'이라는 대목에서는 탄생의 신비를 찬미할 틈도 없이 반인간적인 것으로 가득 찬 세상을 상징하고 있다. 즉 가치가 전도된 삶을 풍자하고 있다. 그런데 '전도된 가치'를 둘러싼 환유는 이에 그치지 않고 '亡種이 펼쳐지는 萬物相→琉璃房→輪轉機에 말린 新聞紙→배만 있는 남자→목이 없는 여자→허깨비'로 끝없이 그 의미가 미끄러지고 있다. 이것은 라캉이 말한 바 기의에 닿지 못하고 끝없이 표류하는 기표의 양상들이다. 이 같은 의미의 연쇄를 통해 서정적 자아는 독재 정권의 전횡과 경제의 파탄 등으로 극심한 혼란을 겪고 있는 1950년대 말의 상황에 대한 적확한 묘사를 시도했다고 볼 수 있다.

① 뭇사람이 싫어서 내가 싫고
싫음이 싫으면 죽음으로 圓으로,
피묻은 螺線을
미치게 두루 돌며 기어 오른다.
倭亂과 胡亂과 洋擾를 겪고
움직여야 하니까 動亂을 거쳐,
목이며 四肢가
갈라지다 합치고 하는 사이에 歷史가 넣은
주릿대가 틀리는데,

나날이 넓어가는
어두운 하늘을
밝히려고 밝히려고 애타는 것은
스스로 어둠인 까닭이라는 까닭 모를 슬픔 뿐.
(중략)
눈 감은 목숨들이
義眼과 義肢로 義理를 지켜간다.

—「하여지향(何如之鄕)、3」 부분

② 鬼神이야 哭하든 말든
인간이 인생을 감상못할바에야
麻雀이나 暗殺하듯/사랑을 하고,
野黨이 아니라/與黨이드라.
黨이 아니라/사람이드라.
골목처럼 그림자진
거리에 피는
孤獨이 梅毒처럼
꼬여 박힌 8字면
淸溪川邊 酌婦를
한 아름 안아 보듯
癡情 같은 政治가
常識이 病인양하여
抱主나 아내나
빚과 살붙이와
現金이 實現하는 現實 앞에서
다달은 낭떠러지!

—「하여지향(何如之鄕)、5」 부분

③ 왜
울긴
犯人을
대지 않고.
모으면 모을수록 헤지는 瞳子처럼
모든 것이 '것' 을 용서하라고
輕音樂에 맞추어
輕食事를 하다가,
內憂가 肺病이면/花柳病이 外患이다.

—「하여지향(何如之鄕)、6」 부분

①의 시에서는 서정적 자아에게 초래된 뒤틀린 삶이 잘못된 역사에서 연원하고 있음을 노래하고 있다. '잘못된 역사' 라는 기의에 닿기 위하여, 시인은 '倭亂→胡亂→洋擾→動亂' 으로 끊임없이 환유의 여행을 거듭한다. 그 귀결은 '四肢갈 갈라지는 것' 으로 표상되는 레토릭으로서의 환유이다. '왜곡된 인간상' 이라는 기의에 닿기 위하여 '눈 감은 목숨' 들이라는 주체의 상징을 제시한 다음, '義眼→義肢→(거짓)義理' 변전되어 가는 환유를 제시하고 있다.

②의 시에 등장하는 '常識이 病인양하여' 라는 대목은 '多情도 病인 양하여' 라는 고시조의 패러디이다. 다정도 병이 되는 충일의 세계가 아니라 비상식이 횡행하여 차라리 상식을 개탄할 수밖에 없는 현실을 대조적으로 표현한 작품이다.[39] 시인은 그같이 뒤틀린 현실을 '野黨이 아니라/ 與黨이드라./ 黨이 아니라/사람'

이라는 점층 구조를 통하여 적확하게 그려내려 애쓰고 있음을 볼 수 있다. 정상적인 논의 구조와 조직을 통한 정치가 아니라 권모술수와 금권정치로 어우러진 현실을 실감있게 그려내는 데 이 같은 환유는 더없이 유용한 장치이다. 또한 '現金이 實現하는 現實앞에서/ 다달은 낭떠러지!' 라는 대목 역시 원인과 결과같이 좀더 논리적인 인접성을 통한 환유이다.

③의 시에서는 사물의 개념의 특징이나 그것과의 연관성을 통한 환유가 이루어지고 있다. '輕音樂에서 輕食事' 로, '內憂가 肺病이던 것이 花柳病이면 外患으로' 환치되는 것은 사물의 개념의 연관성에 따라 기표의 고리가 이어지는 예라고 볼 수 있다.

야당(野黨)이 아니라
여당(與黨)이드라.
당(黨)이 아니라
사람이드라.
골목처럼 그림다진
거리에 피는
고독이 매독(梅毒)처럼
꼬여 박힌 8자(字)면,
청계천변 작부(酌婦)를
한아름 안아보듯
치정(癡情)같은 정치가
상식이 병인양하여
포주(抱主)나 아내나
빚과 살붙이와

현금이 실현하는 현실 앞에서
다달은 낭떠러지!

―「하여지향(何如之鄕)·5」 부분

위의 시에서는 시인의 시선이 그릇된 정치 현실로까지 확대된다. 눈앞의 이익에 급급한 나머지 지조를 내던진 정치인들을 사창가의 작부에 비해 풍자하고 있다. 세태 비판을 직접적인 언술보다 풍자와 언어 실험의 기법으로 접근하고 있는 점이 특색이다. 언어 실험에서 가장 많이 나타나는 것은 유음중첩법(야당-여당-당, 고독이 매독처럼, 치정 같은 정치, 현금이 실현하는 현실). 그 외에 음운 반복, 전통 시가의 차용('상식이 병인 양하여'는 시조,) 등 언어 유희가 가해지고 있다. 천민자본주의 풍자를 포함하는 강력한 현실비판력을 보인다는 점에서, 그리고 그것이 당대 우리 사회의 구조적 모순을 짚어내고 있다는 점에서 큰 의의를 갖는다.[40)]

이같이 그의 풍자시들은 범박한 풍자만이 아닌 정치한 환유의 고리를 통해 뒷받침되고 있다. 또한 그것들은 언어의 도치와 의미 연계, 그리고 아이러니 등의 수법과 함께 구사되어 시인이 원하는 궁극의 기의에 닿기 위하여 부단하게 작용해 가고 있음을 알 수 있다. 또한 이 같은 환유는 동음(同音)의 나열을 통하여 자연스럽게 율격을 조성하고 있으며, 연쇄법과 특유의 재담(才談)에 의해 무거운 내용을 가볍게 전달하려는 시인의 의도가 나타나

보인다.

모두 12편으로 이루어진 송욱의 연작시 「하여지향(하여지향(何如之鄕))」은 고려말 이방원의 시조 「하여가(何如歌)」를 차용한, 정치 풍자성이 강한 시라 할 수 있다. 한국전쟁 이후 한국 현대사회의 풍속, 정치적 혼란, 사상적 혼란, 이지러진 문명 등을 해학, 기지, 역설, 풍자, 야유의 수법으로 표현했다.

이러한 지나친 언어 추구에서 오는 공허함과 서정성의 결핍에서 오는 삭막감은 같은 시집 속의 연작시 「해인연가」에 이르면 최소화되고 육체를 지시하는 언어는 생명을 바탕으로 하는 '사랑' 이라는 승화된 이미지와 겹쳐 떠오르게 된다.

먹구름 같은
幻像에 휘감기어
塵網을 헤쳐야만,
등골이, 골수가 서늘하게
푸른 하늘이 든다.

—「해인연가 · 8」 중에서

송욱은 허무의식을 바탕으로 하고 있지만, 그것에 대해 극복하고자 하는 진지한 방향을 보여주고 있다. 「하여지향(何如之鄕)」에서 보이는 사회비판적인 시선은 「해인연가」에 이르면 반성적 존재를 통해 모랄에 대한 고민을 배태하게 된다. 그러한 고민을 껴안고 세상을 바라보는 자아의 시선은 뜨겁고도 부드럽게 변화

된다. 모순적이고 부조리했던, 생명성을 위협했던 세계에서 원시성을 회복한, 정화되고 재생된 세계로 이행하는 과정이 「하여지향(何如之鄕)」에서 「해인연가」로의 시세계 변천 과정이 아닌가 한다.

2.4. 송욱의 시론과 세계관

2.4.1. 한국적 모더니즘의 재창조

송욱은 한국 현대시상 보기 드물게 전통적 소재와 현대적 소재를 겸비한 시인이며, 탄탄탄한 중의 구조를 통하여 전후의 불안한 현실을 통렬하게 풍자한 시인이다. 그 같은 그의 시적 인식은 그가 발표한 시론을 통해서 더욱 구체화된다. 그의 시학평전은 서구 시론과 한국적인 사유를 변증법적으로 결합시킨 시적 논리의 구현체이다. 시학평전의 서문을 통하여 송욱은 '한국문화는 외국문화의 영향을 받아서 새로운 통일성을 갖출 수 있는 탄력을 가진 것에 틀림없을 것이며, 외국문화는 외국문화대로 어떤 변함없는 절대적 규범이 아니라, 이 나라에 들어오면 우리에게 새로운 관점과 줄기찬 활동을 약속할 수 있도록 변화하고 조정되어야 하는 것으로 보아야 마땅하다'[41]라고 밝힘으로써 그의 시관을 분명히 하고 있다. 또한 그의 대표 시집 『하여지향』의 서언에서는 다음과 같이 밝히고 있다.

> 創作하는 立場에서는 '이즘'이 그리 중요한 것은 아니다. 어떤 社會詩도, 그것이 올바른 시가 되고 보면, 얼마쯤은 純粹詩를 담고 있다. 또한 어떠한 純粹詩도 그것이 산 사람이 만든 것이라면, 非純粹의 要素를 반드시 지니고 있다. 一例를 들면, 純粹詩를 노리는 어떤 시인은, '바람이 인다. 살아보아

야겠다.' 이렇게 노래한다. 이 句節은 바로 非純粹의 要素를 드러내고 있다. 이 詩人의 말을 빌리면, 本質的인 것, 純粹한 것은 反生命的인 것이기 때문이다.

여기에서 그는 현실을 거세한 '완전한 순수' 라는 개념의 불가능성을 지적함으로써, 시를 순수한 언어적 구성물로서 상정하는 '순수시' 라는 개념 자체를 거부하고 있다. 사회적 현실이 틈입할 수밖에 없는 '非純粹' 한 시적 언어를 통해 순수시라는 자족적 체계를 넘어서서 당대의 사회적 현실에 대해 직접적으로 발언[42]해야 한다는 사유를 펼치고 있다. 이것은 그를 여타 모더니즘 이론가들과 구별짓는 중요한 지점이 되고 있다. 즉 시어는 새로운 언어를 채용하되 단순한 신선미를 추구하기보다 그 가운데 깃들인 비순수의 요소에 주목해야 한다는 것이다. 이것은 언어의 자율적 사용과 미적 자의식에 입각한 새로운 시라 하여도, 그 가운데데 시인이 몸담고 있는 현실에 대한 비판적 인식을 담지하고 있어야 한다는 인식과 통하는 사유이다.

그의 대표적 시론집인 시학평전은 1962년 사상계 3월호에 처음 원고가 발표되기 시작하여 1963년에 단행본의 형태로 완성된 첫번째 평론집이다. 이 책이 씌어지던 시기는 제2시집 『하여지향』(1961)을 완성한 후, 제 3시집 『월정가』(1971)를 집필하기 전, 영국과 미국, 프랑스의 문학이론을 연구하던 때였다.

따라서 이 평론집에는 당시 송욱이 관심을 가지고 연구하고 있었던 I. A. 리차즈나 C. 브룩스 등과 같은 영미 계통의 신비평 이론과 J. P. 리샤르와 같은 프랑스 비평 이론이 소개되어 있다.

『시학평전』의 부제는 '문학 배경을 비교하는 안목으로 한국시인의 입장에서' 이다. 여기에는 동양과 서양의 문학을 그 '배경'에 유의하면서 '주체적' 으로 파악하겠다는 의지가 명확하게 드러나 있다. 다시 말해 이 부제에는 동양과 서양의 문학을 한국 시인의 입장에서 주체적으로 취사선택하겠다는 의도가 담겨 있는 것이다.

그는 이 땅에 모더니즘 사조가 도입되면서 우리의 토양과는 전혀 다른 방법론적 새로움으로만 치달리는 것에 대하여 강한 거부감을 일관되게 드러내고 있다. 시학평전에서 그의 전세대 모더니스트인 김기림을 비판하면서 다음과 같이 지적하고 있는 것도 그 같은 맥락이라고 볼 수 있다.

> 外國名을 가진 꽃, 國際列車, 港口의 異國風, 氣象圖·世界地圖 혹은 芳名錄 혹은 外國領事館의 건물 등으로 모더니즘을 표방할 때는 이미 지났다. 우리가 時代性에 민감하면 할수록 참다운 歷史意識과 깊은 內面性과 精神性을 가지고 時代性을 소화하고 비판하고 血肉化할 때에 비로소 참다운, 즉 예술품다운 現代詩를 쓸 수 있으리라.[43]

이 글에서도 잘 드러나듯이 모더니즘은 단순히 기법과 제스처의 문제가 아니라 인간의 창조적인 정신과 깊게 뿌리가 닿아 있다는 인식을 드러낸다. 모더니즘을 표방하는 현대시가 스스로 자율적 체계 속에 함몰되어 가는 것을 거부하고 문명비판적 성격을 회복하여 그 시대성·역사성을 구현하려는 노력을 보여 주어야 한다는 것이 송욱의 시적 사유의 토대라고 볼 수 있다.

> 내가 보기에 송욱도 실험을 위한 실험을 亂行하다가 지쳐 떨어진 수많은 이른바 모더니스트들과 정도의 차이는 있지만 똑같은 실수를 범하고 있는 것 같다. 만약에 그의 실험이 실험을 위한 실험이 아니라면 그는 당연히 그의 스테이트먼트의 장기를 발전시켜 나가야 할 것이다. 그리고 그의 발전은 순수시로의 퇴보가 아니라, 풍자적인 스테이트먼트의 순화(세련)의 방향을 취해야 할 것이다.[44]

위에 든 김수영의 지적처럼 송욱의 실험은 전위적인 것이긴 했지만, 우리 시의 고질에 대한 문제 제기를 넘어 그 체질을 혁신하는 데까지는 미치지 못했다. 그럼에도 불구하고 전후의 냉정체제에 대한 순응주의가 판치고, 다른 한편으로 무분별하게 외래사조의 수입에만 열중하였던 전후 한국시의 풍토에서 변증법적으로 전통과 현대를 융합시켜 나가려는 지난한 몸부림을 보여준 것으로 평가되어야 할 것이다.

2.4.2. 서양적 이성과 동양적 초월의 변증법적 결합

송욱은 서구 근대 문물에 경도되는 속내를 드러내면서도 서구와 동양, 전통과 근대라는 양분법을 넘어, 나름의 새로운 세계관을 확립하고자 애쓰는 전후 약소국 지식인의 적극적인 현실 인식을 보여준다. 결국 서구에의 경도, 동양의 결핍, 그리고 이항 대립의 지양과 같은 인식의 변화 과정은 시인 송욱의 내면에 주체적이고 담론을 형성하게 된다. 서양의 실용 과학과 동양 정신의 변증법적 결합이 그의 핵심적인 비평안으로 자리잡게 된다.

그의 대표 시론집 『詩學評傳』은 서구 모더니즘 시에 대한 최초의 본격적 이론서라는 점에서 중요한 의미를 갖는다. 송욱은 이 시론집을 통해 전후 한국 시단에 서구 모더니즘을 본격적으로 소개하면서 전통적인 한국 시가 가진 문제점을 날카롭게 비판하였다. 비판의 내용은 내면성의 부재와 현실 관심의 부족으로 정리될 수 있다. 그는 『시학평전』을 통해 서구의 근대정신과 문학을 소개하는 한편, 동양정신이 현대를 아우르기에는 지극히 취약하다는 견해를 드러내고 있다. 특히 상징주의의 비조인 보들레르의 치열한 지성을 상찬하는 한편, 엘리어트의 투철한 역사의식에 매료되어 있다는 것을 드러낸다. 엘리어트의 수용은 전후의 무질서한 현실을 딛고 일어서려는, 모더니스트나 전통주의자 모두에게 보편적으로 나타나는 현상으로서, '몰개성', '역사 의식' 등의 개념들이 핵심적인 범주로 인식소개된다.[45] 특히 T. S. 엘리어트의 주지주의적 모더니즘은 송욱의 비평에 정신적 원천이 될 만큼 큰 영향을 받았음을 고백한다.

송욱의 초기 비평에서 가장 먼저 제기되는 문제는 무엇보다 전통에 대한 인식이다. 현재의 시점에서 볼 때 한국의 전통은 단절되어 문화의 자양분 역할을 할 수 없다는 부정적인 인식은 『시학평전』 전반에 지속적으로 나타나며 그의 초기 비평의 사유를 지배하게 된다.[46] 그 근저에는 엘리어트의 전통관, 즉 현재는 전통과의 끊임없는 상호 작용하며, 대화를 통해 현재의 동시대성을 획득한다는 관점을 적극적으로 수용하면서, 이를 문학사의 인식 및 문학 창작 행위에도 적용한다는 깨달음이 자리하고 있다.

> 歷史感覺이 있는 사람이면, 그는 반드시 자신의 世代를 뼈에 사무치도록 느낄 뿐 아니라, 호오머에서 비롯하는 유럽의 문학 전체와 그 안에 들어 있는 자기 나라 문학 전부가 하나의 同時的存在이며 하나의 同時的秩序를 이룩한다고 느끼면서 작품을 쓸 수밖에 없다. 歷史感覺은 時間에 의지하고 있는 것에 대한 感覺과 時間을 초월한 것에 관한 감각, 그리고 時間과 超時間을 합친 것에 대한 감각인데, 이것이야말로 한 작가를 傳統的으로 만드는 것이다. 또한 이러한 감각으로 말미암아 그는 자신이 차지하고 있는 시간상의 위치, 즉 자신의 時代性을 가장 날카롭게 의식한다.[47]

이에서 보듯이 송욱은 한국 시에 만연한 감상주의, 단순성 등을 지적하면서 수월한 지식에 기반한 주지주의적 인식으로 세계를 진단하고 행동에 옮길 것을 한국 사회에 권면한다. 그는 어떠한 사물도 그 본래의 성질상 시적인 것은 없으며 본질적으로 시적이 아닌 것도 없다고 말한다. 따라서 시를 만드는 시인의 태도와 수법이 중요하다는 것으로, 지성 또는 지적인 영상이 시 구조의 불가결한 일부분을 이루고 있는 경우에는 그것이 결코 깊은 정서의 표현에 장애가 되지 않는다고 말한다. 이와 같이 주지주의적 자세를 견지하고 있는 송욱은 시인의 감상적인 태도에 문제를 지적한다.[48]

> 감상적인 시인은 자기가 독자에게 전달하려는 내용과 언뜻 보기에 모순이 되는 것같이 생각할 수 있는 모든 요소를 詩作品에서 제외하려고 한다. 따라서 그는 자기가 당면하고 있는 경험을 지나치게 單純化한다. 그는 감정의 强度를 표현하기 위하여 그 감정에 反한다고 느끼는 모든 요소를 제거함으로써 손쉽게 효과를 나타내려고 한다. 어느 시인을 막론하고 詩를 쓰려며는 소재가 되는 경험을 선택하지 않으면 안 되지만 감상적인 시인은 그 선택작용의 기반이 너무 협소할 때가 많음을 우리는 느끼는 바이다. 이 반면에 엘리엇트가 말한 시인, 즉 知性과 감정의 상호작용을 映像으로서 표현하려는 詩人은 경험의 복잡성을 무시하기를 거부한다. 그는 相剋인 여러 요소를 융합시키어 한 조화 있는 전체로 만들기에 모든 힘을 기울이는 것이다.[49]

동양의 전통을 부정적으로 보는 송욱은 자연스레 새로운 문학 또는 문화의 모델을 서구의 문화·문학 유산에서 찾지 않을 수 없었다. 이 같은 견지에서 송욱이 새롭게 정립한 전통관은 한국 전통의 고전을 질료로 삼으면서, 고루한 잣대를 버리고 서구적인 평가 방법론으로 오늘에 되살릴 만한 것들을 찾아내고 평가하는 것이었다.

그런 관점에서 제7장 「韓國 모더니즘 批判」에는 한국의 모더니즘 시와 비평이 한국 시인으로서의 주체성을 상실했다는 비판이 담겨 있다. 서구의 것을 추종해 전통을 아예 외면해버리거나, 그 반대로 내면의 결핍으로 전통에 안주해버리고 말았다고 비판한다. 특히, 식민지 시대 대표적인 모더니즘 시인이었던 김기림과 정지용에 대하여, 김기림은 이국취미를, 정지용은 지나친 회화성으로 시의 음악성을 떨어뜨렸다는 이유로 비판하고 있다. 이러한 논리에 기반하여 송욱은 현대시가 역사의식과 내면성, 정신성, 시대성을 담아내야 한다고 주장하였다. 『시학평전』에서 송욱은 엘리어트의 전통관, 즉 현재는 과거와 끊임없는 상호작용을 하며 대화를 통해서 현재와 동시대성을 획득한다는 관점을 적극적으로 수용하면서 이를 문학사의 인식 및 시 창작행위에 적용하고 있다

송욱은 순수시론을 펼치고 있으면서도, 그 이면에는 '이와 대립한 비순수를 융합한 주지주의 시관을 통해 동시대의 비극적 역사를 드러내면서도 궁극적으로는 지향해야 할 이상세계의 추구를 통해 역사에 참여했다'[50]고 볼 수 있다.

현대시 비평가로서의 송욱은 전후 한국 시론 연구에 앞장서서 체계적인 연구, 분석적인 태도, 다양한 문학론의 소개 및 접목 등으로 한국시의 비평수준을 높였다는 점에서 문학사적 의의를 지닌다. 그래서 그는 서구문학론의 수용과 비판을 주체적으로 소화하여 주체적 비평 의식을 가진 시론가(詩論家)로 평가된다. 구미(歐美)의 시론을 체계화한 학문을 바탕으로 그가 이루어 놓은 실제 비평의 성과는 이후 비평가들에게 귀감이 되었다.

그러나 전후 평단에서 송욱이 독보적인 위치를 확보하고 있는 것은 이처럼 주지주의적 합리 정신으로 구축되어 있는 서양의 근대적 지성과 이성의 잣대로 세계를 조망하면서도 한국적인 것 가운데서 꾸준히 보석을 찾고자 노력하였다는 점이다. 그 가운데 가장 눈에 띄는 것은 만해 한용운에 대한 열화 같은 관심이다. 존재와 무라는 명제를 놓고 인식론적 대안을 모색하던 송욱은 서구 근대 지성이 갖는 사유 방식의 한계를 확인하며 동양사상으로 시선을 돌리게 된다. 그리고 서구 근대정신에 대한 경도로부터 탈피하여 새롭게 만난 가운데 하나가 불교사상이고 그 연장선상에 한용운이 놓이게 된다.

송욱은 타고르의 시집 『원정(園丁)』과 한용운의 시집 『님의 침묵』에 대한 비교문학적 논의를 통하여 만해의 훌륭함을 강조하고 있다. 그는 먼저 타고르가 자신이 태어나서 살고 있는 인도의 문화전통과 종교 그리고 철학의 사상전통을 배경으로 삼아 작품을 마련하고 있다는 점을 높이 평가한다. 그렇지만 송욱은 타고르의 시집 『園丁』이 역사와 사회로부터 초연해 있다는 사실에서 '唯美的超越'의 성격을 보인다고 지적한다. 또 타고르의 『園丁』을 검토하기 위해 그는 엘리어트의 「荒蕪地」와 비교한 후 엘리어트는 '自他融合'에 관해 타고르처럼 낙관하지 않고 변증법적 과정을 훌륭하게 드러내고 있다며 타고르를 비판한다. 송욱은 타고르에 대한 비판적 시각을 담고 있는 만해의 작품 「타골의 시를 읽고」를 분석하며, 타고르에게서는 사회와 역사 그리고 혁명적 요소를 찾아볼 수 없다고 비판한다.

> 타고오르에게는 社會와 歷史가 없고 더군다나 革命은 찾아볼 수 없다는 사실이다. 그는 오로지 絕對者의 花園에서 꽃을 가꾸며 生命의 靈的結合과, 個別的生命이 絕對者에게 대하여 느끼는 동경을 〈 아름답게〉 노래하는 瞑想의 詩人이란 인상을 강하게 준다. 그러나 일생을 修道와 民族運動에 아울러 바친 萬海가 보기에는 社會와 歷史的使命을 벗어나서 絕對的原理에만 봉사하는 생활은, 〈 깨어진 사랑〉 에 울고 혹은 〈 떨어진 꽃〉 을 슬퍼하는 것과 같다. … ≪무덤 위에 피 묻은 旗대를 세우서요≫, 이 한 줄에서 우리는 일생을 民族運動에 바친 革命家의 우렁찬 소리를 들을 수 있다.[51)]

이처럼 송욱은 타고르의 시집 『園丁』에는 사회적, 역사적 정의에 입각한 의분의 불기둥이 없다고 비판한다. 또한 타고르와 한용운의 비교 과정을 통해, "영원이 아니라 현재를, 초월이 아니라 역사 안에서의 싸움을 통해 진정한 님을 추구"[52)]하였던 한용운의 작가정신을 새롭게 발견하게 된다. 그는 「오서요」, 「秘密」, 「讚頌」 등을 예로 들면서 역사를 초월한 타고르와의 차별성을 이끌어내며 만해 시의 훌륭함을 강조하게 된다. 이는 송욱이 서구 물질문명의 한계를 간파하고 자리에 거기에 동양정신을 가미할 때 비로소 개화하는 동물이 인간임을 자각하게 된다.

> 禪은 西洋에는 없고, 東洋에서도 中國, 韓國그리고 日本에만 있다. 〈 타고르〉 도 禪은 모른다. 그런데 中國혹은 日本에서 大禪師가 二十世紀에 나타나, 母國語로서 證道의 詩集을 낸 사실을 우리는 알지 못한다. 따라서 우

리가 詩集『님의 沈』이 世界文學史에서 唯一無二의 存在라고 해도 결코 미친 소리는 아니리라![52]

송욱은 이성 중심의 서구적 근대사상에 대한 한계를 인식하며 초월적 사유를 담고 있는 노장사상과 불교사상에서 새로운 담론을 찾아 자신의 사상적 거점을 마련하고 있다. 동서의 문물에 깃들어 있는 다양한 사상을 검토하여 보편정신을 추구하고자 하였던 그의 비평작업은 마지막 종착점에서 동양사상을 만나 변증법적으로 합일점을 발견하게 된다.

이 시집 전체는 시와 화두, 혹은 시와 寓話가 융합된 것으로서 구성되어 있다. 첫째 禪과 관계가 있는 불교사상, 둘째 疑情에 서 깨달음에 이르는 禪의 체험, 셋째는 말과 이마쥬로서 나타난 시가 그것이다. 그 세 가지 빛은 한 작품에서 결국 하나의 광채를 이루게 되지만, 각 작품이 풍기는 빛깔은 모두 다르기 마련이다. 이런 점에서 우리는 만해가 다다른 깨달음의 경지가 얼마나 참되고 휘황한 것인가를 추측할 수 있게 하는 동시에, 그의 놀라운 창조력과 천재를 뚜렷이 느낄 수 있다.[53]

그가 만나게 된 노장사상과 불교사상은 초월적 세계관을 띄고 있다는 점에서 송욱이 추구했던 기왕의 보편정신과는 상당히 배치되고 있다는 것을 알 수 있다. 전통적 요소를 현대적으로 변용하면서 서양의 인식론을 뛰어넘는 동양의 사상적 깊이를 지니고 있는 한용운은 송욱에 의해 최대의 찬사를 받게 된다. 명상의 시인일 뿐 사회성이 결여된 타고르와 비교해, 만해는 사회와 역사

의식을 갖춘 투사적인 면모를 지니며, 시 속에서 '사상과 표현'의 완벽한 조화를 이루게 된다.[54]

이는 서구 근대 지성을 넘어서는 동양의 노장사상과 불교사상으로부터 송욱이 새로운 사상적 거점을 마련하였다는 의미를 지니고 있다. 또 그의 비평의 대주제이기도 했던 서양의 '보편정신'이 지닌 한계를 동양사상이 담지한 초월과 정화의 정신으로 보완하고자 했음을 유추할 수 있다.[55] 영문학자로서 송욱은 서양의 교양을 흡수하는 과정에서 만난 보들레르와 엘리어트 등을 만나 상징과 주지주의적 분석안으로 물상을 해명하고자 하였다.

하지만『시학평전』등 초기의 비평 작업에서 벗어나면서, 서구적 이성과 역사주의의 한계를 절감하였다. 그 결과 한용운으로 대표되는 한국적인 것, 즉 노장(老莊)사상이 가미된 불교적 초월에서 새로운 가능성을 발견하였다. 그런 점에서 송욱은 서양의 이성적 역사주의와 동양의 극기와 초월 사상 등을 변증법적으로 통합한 독보적인 존재라 할 수 있다.

이 같은 송욱의 관심은 그의 두 번째 평론집인『문학평전』에서도 지속된다.

대중의 구미에 알맞는 드라마는 우리가 현실적이라고 느낄 수 있을 만한 배경에서 시작하여, 생각할 수 없을 정도로 낭만적은 아닐지라도 대중의 소망에 만족을 줄 만큼 낭만적인 무대에서 끝이 나야 한다. 그 중간의 구성은 비교적 자유롭게 할 수 있지만, 대중은 무자비하게 추구한 리얼리즘을 배척

한다. 이는 그들 자신이 참가하고 있는 싸움에서 패배하는 못브을 보며 기뻐할 수 없는 까닭이다.[56)]

송욱은 이광수의 「무명」 등의 작품에 나타난 농촌 풍경에 대한 낭만적이고 회고적 감상저 태도를 비판한 대목이다. 그는 한국 작가와 시인들이 전통에 안주하기보다 새로운 시대정신으로 무장하는 게 우선이라고 보고 있기 때문이다. 첫 평론집 『시학평전』에 이어 그 확장편인 『문학평전』에서 송욱이 전개하고 있는 비평적 특징은 통합의 시학이다. 즉 과거와 현재, 동양양과 동양의 변증법적 통합을 통하여 새로운 시학의 패러다임을 제시하고 있다. 그것은 시학의 현대적 체질을 견지하면서도 인간 존중의 정신에 바탕한 반항으로 규범 지을 수 있을 것이다. 그런 면에서 송욱의 시학은 현대 시학이면서도 인간주의적 반항의 시학이라는 양면성을 갖는다.

3. 맺는 말

이상으로 1950년대에 창작된 송욱의 시들과 그의 대표적 시론집 『시학평전』을 중심으로 송욱의 시세계의 특징과 비평의 연관성을 살펴보았다. 또 모더니스트로서의 그의 시세계가 1950년대의 시대 상황에 어떻게 대응하고 있는가를 검토해 보았다.

앞에서 살펴본 바와 같이 송욱은 전후 한국 현대시와 시론의 새로운 가능성을 확대했다. 즉 시의 내용과 형식을 미학의 차원으로 끌어올렸으며, 시론을 학문적 차원으로 상승시키는 데 이바지하였다. 그의 시가 보여준 내용의 미학적 변모는 현실의 비극적 인식에서 현실 비판으로, 다시 사회 현실의 이탈을 통한 자연 추구에서 동양정신에 나타난 초월 지향의 세계로 나타난다.

그런 점에서 송욱은 방법론적으로는 모더니즘을 지향하고 있으면서도, 시정신 면에 있어서는 전후의 냉전과 양심이 실종된 풍토에 정면으로 비판의 칼을 들애댄 리얼리스트의 면모를 보였다고 하겠다. 현대시론에 정통한 시인으로서의 풍모와 함께 동양정신으로 무장한 지사적 풍모로 전후의 타락한 현실을 비판하고, 그를 바탕으로 인간다운 세상은 어떠해야 하는가를 문학적 실천을 통해 몸소 보여준 보기 드문 시인이다.

이같이 큰 범주에서 송욱의 시와 시론이 갖는 의의를 평가하면서, 나아가 다음과 같이 구체적인 연구 성과를 정리해 보고자 한다.

첫째로 송욱은 화전민 같은 전후의 풍토에서 내면 지향의 모더니즘 시를 정착시키는 데 크게 공헌한 시인이라는 점이다. 문협 정통파를 중심으로 이른바 순수시 열풍이 불고 있는 가운데서 송욱이 모더니즘의 기치를 올린 채 꾸준히 시작에 정진한 것은 그 의의가 적지 않다. 그러면서도 그의 모더니즘적 취향은 서구적 정서에 편향되지 않고, 한국적인 것을 꾸준히 추구해 갔다는 데서 의의를 찾을 수 있다고 본다. 시어에 있어 내면성의 심화를 보여 주었다. 또한 초월적 세계를 담는 데 있어 동양 정신의 패러디화라는 새로운 미학을 시도하였다. 이는 전후시사에서 송욱 시가 갖는 독자적인 의의라 할 수 있다.

둘째로 그는 풍자의 시인으로만 알려져 왔었지만, 범박한 풍자에 머물지 않고 고도로 함축된 상징 시어를 바탕으로 한 모더니즘 기법을 통하여 우리 시의 품격을 한 단계 끌어올린 것으로 평가된다. 그는 서구의 시 이론과 시적 기법을 자신의 시에 능동적으로 도입하면서도, 한국적인 정신을 충분히 용해시켰다. 이를 통해 한국 시가 한층 새로워지는 데 한 발판을 마련한 것으로 평가된다.

셋째로 그는 모더니즘을 주로 한 방법론 지향의 시인일 뿐만 아니라, 기법과 주제의 균형을 갖추는 데 관심을 기울인 시인이었다는 걸 확인할 수 있었다. 소재면에서는 한국적인 것을 즐겨

채용하되, 창작 기법에 있어서는 명징한 이미저리와 시어의 다의성 구현에 중심을 두는 등 새로운 면모를 보여준 시인이다. 이를 통해 전통과 현대의 결합을 통해 김기림과 정지용의 모더니즘과는 사뭇 다른 영역을 개척한 시인으로 평가된다.

넷째로 송욱은 『시학평전』 등 일련의 시론 작업을 통해, 외래사조의 모방에서 벗어나 한국적인 것에 뿌리를 둔 시론을 선구적으로 전개했다는 점에서 독특한 입지를 갖고 있는 시인이다. 그는 전통이 단절되어 문화의 자양분 역할을 할 수 없다는 부정적인 인식하에 철저하게 이성과 합리성을 바탕으로 하는 근대적 자아의 면모를 띤 시론을 전개하였다. 그는 순수시론을 펼치고 있으면서도, 그 이면에는 이와 대립한 비순수를 융합한 주지주의 시관을 통해 동시대의 비극적 역사를 드러내면서도 궁극적으로는 지향해야 할 이상세계의 추구를 통해 역사에 참여했다. 기법과 주제를 한자리에 놓는 한편, 시적 지성으로 불온한 시대를 묵시하는 시인관을 제시했다는 점에서 의의가 있다.

하지만 영문학자로서 T. S. 엘리어트 등 서구 이론가들의 이론에 경도된 나머지 전통을 부정하는 등 그의 시론이 갖는 한계점 또는 문제점도 지적되어야 할 것이다. 그의 시론은 비교적 정당한 방향성과 논거에도 불구하고 편견과 선입견, 그리고 독선적인 태도와 권위주의가 암암리에 작용하고 있다는 점에서 문제점을 지닌다.

이상과 같은 결과를 종합해볼 때 1950년대 모더니즘은 외래사조의 도입을 통해 우리 시에 새로움을 더하는 데 적잖은 기여를 하였으며, 낯선 조류에서 벗어나 우리 시의 한 갈래로 어떻게 정착시킬 것인가 하는 과제를 안게 되었다. 송욱은 언어의 자율적 사용과 함께 한국적 운율과 정서를 시에 풍부하게 도입함으로써 서구적 기법과 한국 정신의 결합을 변증법적으로 시도했고 일정한 성과를 거둔 것으로 평가된다.

그는 한국적 모더니즘의 정착에 기여하는 한편, 한국시에 있어 모더니즘이 나아갈 방향에 대해 한 출구를 제시한 시인으로 평가된다. 그에 대한 다양한 연구와 평가가 모색되어야 한다는 점을 확인하면서 조촐한 논의를 마친다.

■주(註)

1) 김현, 김윤식, 『한국문학사』, 민음사, 1973, pp.281~282 참조.

2) 권영민, 『한국현대문학사 1945~1990』, 민음사, 1993, 4pp.142~143 참조.

3) 김윤식, 구중서 외, 『한국현대문학사』, 현대문학, 1995, p.417.

4) 황정산, 「새로운 시어의 운용과 비순수의 추구-송욱의 '何如之鄕'」, 『1950년대의 시인들』(송하춘, 이남호 편), 나남출판사, 1994, pp.246~247.

5) 유종호, 『비순수의 선언』, 민음사, 1995, pp.56~73.

6) 오규원, 「시적 변용과 그 의미」, 《문학과 지성》, 1972, 3.

7) 김현, 『문학과 유토피아』, 문학과지성사, 1992, pp.41~50.

8) 김춘수, 「형태의식과 생명긍정 및 우주감각」, 《세계의 문학》, 1978,12.

9) 이승하, 「풍자 자기 비하의 아이러니-송욱론」, 『한국의 현대시와 풍자의 미학』(문예출판사, 1997), pp.13~60 참조.

10) 박종석, 「송욱 문학 연구」, 동아대대학원 박사학위 논문, 1998.

11) 염무웅, 「서정주와 송욱」, 『모래 위의 시간』, 작가, 2002, pp.99~100.

12) 염무웅, 같은 책, pp.109~111 참조.

13) 황정산, 앞의 논문, p.262.

14) 권영민, 『한국현대문학사』, 민음사, 1993, pp.106~107.

15) 김윤식, 「우리 근대문학사의 연속성에 관하여」, 한국현대문학연구회 편, 『한국의 전후 문학』, 태학사, 1991, p.11 참조.

16) 이어령, 「화전민 지역」, 『저항의 문학』, 예문관, 1965, p.15.

17) 송욱, 『何如之鄕』 序言, 일조각, 1961, p.2.

18) 김종길, 『詩論』, 탐구당, 1965, p.115.

19) 권영민, 『한국문학사』, 민음사, 1993, p.100 참조.

20) 한국전쟁으로 인한 분단 현실하에서 유치환, 서정주 등을 일컫는 '인생파' 와 조지훈, 박목월, 박두진 등을 중심으로 한 '청록파' 등을 일컫는다.

21) 서준섭, 『감각의 뒤편』, 문학과 지성사, 1995, p.119.

22) 이승훈 편, 『문학상징사전』, 고려원, 1995, p.284.

23) 이승훈, 같은 책, p.284 참조.

24) 김춘수, 형태 의식과 생명 긍정 및 우주 감각, 《세계의 문학》, 1978, 겨울, p.266.

25) 정한모, 김용직, 「해인연가」, 『한국현대시요람』, 박영사, 1974, p.858.

26) J. E. Cirlot, Trans. Jack Sage, *A Dictionary of Symbols,* New York, Philosophical Library, 1962, p.100, p.289 참조.

27) 위의 책, p.218.

28) 김용직, 『한국현대시사』, 1권, 한국문연, 1996, p.198.

29) 김준오, 『詩論』 제4판(삼지원, 2002), pp.195~196 참조.

30) Tzvetan Todorov, 이기우 옮김, 『상징의 이론』*Theories Du Symbole*, 한국문화사, 1995, p.9 참조.

31) Tzvetan Todorov, 신진 · 윤여복 옮김, 『상징과 해석』*Symbilisme et Interprtation,* 동아대학교 출판부, 1987, p.15.

32) Tzvetan Todorov, 신동욱 옮김, 『산문의 시학』*The Poetics of Prose*, 문예출판사, 1992, p.24.

33) Tzvetan Todorov, 신진 · 윤여복 옮김, 『상징과 해석』*Symbilisme et Interprtation*, 동아대학교 출판부, 1987, p.24 참조.

34) 김현, 「말과 宇宙－송욱의 상상적 세계」, 『송욱 시선－나무늘 즐겁다』 해설, 민음사, 1978, p.14.

35) 김욱동, 『수사학이란 무엇인가』, 민음사, 2002, p.115 참조.

36) 박찬부, 『현대 정신분석 비평』(민음사, 1996), pp.104~106 참조.

37) Ferdinand de Saussure, 최승언 옮김, 『일반언어학 강의』*Cours de*

Linguistique Generale, 민음사, 1990, pp.83~88 참조.

38) Jacques Lacan, 권택영 외 옮김, 『욕망 이론』, 문예출판사, 1994, pp.16~ 17 참조.

39) 황정산, 앞의 글, p.252.

40) 신진, 「한국 현대시의 자성(自性) 현대성」, 『동남어문논집』 제28집, 2009, p.202 참조.

41) 송욱, 『시학평전』, 일조각, 1970, p.5.

42) 황정산, 앞의 글, p.249.

43) 송욱, 『시학평전』, 일조각, 1963, p.194.

44) 김수영, 『김수영 전집』 2권, 민음사, 1981, p.9.

45) 송기한, 『한국 전후시와 시간 의식』, 태학사, 1996, p.72.

46) 서지영, 「특수 속에서 보편의 추구」, 『송욱 연구』, 역락, 2000, p.173.

47) 『시학평전』, pp.10~11.

48) 이선, 「宋稶의 비평정신과 실제비평」, 충북대 대학원 석사학위 논문, 2002, p.11 참조.

49) 송욱, 『시학평전』, p.389.

50) 진순애, 『전쟁과 시와 평화』, 푸른사상, 2008, p.131 참조.

51) 『시학평전』, p.312.

52) 김흥규, 「님의 所在와 진정한 歷史」, 『한용운』, 서강대학교 출판부, 1997, p.88.

53) 송욱, 『님의 침묵-전편 해설』, 일조각, 1997, 서문 p.34.

54) 송욱, 『님의 침묵-전편해설』, 서문 pp.2~3.

55) 서지영, 위의 글, p.193.

56) 이선, 위의 글, p.61 참조.

57) 송욱, 『문학평전』, 일조각, 1969, p.50.

■참고문헌

J. E. Cirlot, Trans. Jack Sage, *A Dictionary of Symbols*, New York, Philosophical Library, 1962.

Ferdinand de Saussure, 최승언 옮김(1990), 『일반언어학 강의』 *Cours de Linguistique Gnrale*, 민음사.

Jacques Lacan, 권택영 외 옮김, 『욕망 이론』, 문예출판사, 1995.

Tzvetan Todorov, 신동욱 옮김, 『산문의 시학』*The Poetics of Prose*, 문예출판사, 1982.

Tzvetan Todorov, 신진 · 윤여복 옮김, 『상징과 해석』*Symbilisme et Interprtation*, 동아대학교 출판부, 1987.

Tzvetan Todorov, 이기우 옮김, 『상징의 이론』*Theories Du Symbole*, 한국문화사, 1995.

Tzvetan Todorov, 제유(提喩), 김현 편 『수사법』, 문학과지성사, 1985, pp.167~169.

권영민, 『한국현대문학사 1945-1990』, 민음사, 1993.

김기림, 『시론』, 백양당, 1947.

김수영, 김수영, 『김수영 전집』 2권, 민음사, 1981.

김욱동, 『수사학이란 무엇인가』, 민음사, 2002.

김윤식, 우리 근대문학사의 연속성에 관하여, 한국현대문학연구회 편, 『한국의 전후 문학』, 태학사, 1991, p.11.

김윤식 · 구중서 외, 『한국현대문학사』, 현대문학, 1995.

김종길, 『詩論』, 탐구당, 1965.

김춘수, 「형태의식과 생명긍정 및 우주감각」, 《세계의 문학》, 1979, 겨울호, p.266.

김현, 『문학과 유토피아』, 문학과지성사, 1992.

김현·김윤식, 『한국문학사』, 민음사, 1979.

김홍규, 「님의 所在와 진정한 歷史」, 『한용운』, 서강대학교 출판부, 1997.

박종석, 「송욱 문학 연구」, 동아대대학원 박사학위 논문, 1998.

박찬부, 『현대 정신분석 비평』, 민음사, 1996.

서지영 , 「특수 속에서 보편의 추구」, 『송욱 연구』, 역락, 2000.

송기한, 『한국 전후시와 시간 의식』, 태학사, 1996.

송욱, 『나무는 즐겁다』, 일조각, 1978.

송욱, 『문학평전』, 일조각, 1969.

송욱, 『시학평전』, 일조각, 1963.

송욱, 『하여지향(何如之鄕)』, 일조각, 1961.

오규원, 「시적 변용과 그 의미」, 《문학과 지성》, 1972, 봄호.

유종호, 『비순수의 선언』, 민음사, 1995.

이선, 「宋稶의 비평정신과 실제비평」, 충북대 대학원 석사학위 논문, 2002.

이승하, 풍자 자기 비하의 아이러니－송욱론, 『한국의 현대시와 풍자의 미학』, 문예출판사, 1997, pp.13~60.

이승훈 편, 『문학상징사전』, 고려원, 1995.

이승훈, 『한국 모더니즘 시사』, 문예출판사, 2000.

이어령, 『저항의 문학』, 예문관, 1965.

정한모 · 김용직, 해인연가, 『한국현대시요람』, 박영사, 1974, p.858.

진순애, 「송욱 시론의 비교문학적 연구」, 『한국현대시와 정체성』, 국학자료원, 2001, p.198.

진순애, 『전쟁과 시와 평화』, 푸른사상, 2008.

황정산, 새로운 시어의 운용과 비순수의 추구－송욱의 '하여지향(何如之鄕)', 『1950년대의 시인들』(송하춘, 이남호 편), 나남출판사, 1994, pp.246~247.

〈ABSTRACT〉

A Study on Social Critique of The 1950 Epoch's Modernism*

-Focusing on Song-Uk's Poetry and Poetics

Park, Mong-Gu

This paper's aim is to analyze 1950 epoch's Korean modernism focusing on discord and critics rather than the view point on technique. Poetics as part poetry and poetics with modernist features of the society for the First Congress of the 1950s showed a scathing criticism Song-uk throughout the center were included in this study. Song-Uk has been appraised a critical poet to make fun of by sly satire, a organic natural poet and the best poet that has severe intense poetic spirit. Above all, his ballad *Hayeojihyang*(하여지향(何如之鄕)) is satire poem that has payed attention, by its alliteration, inversion, daring opposition of image, resolute importing foreign language.

We want to estimate newly Song-Uk's poem that known as satire poem roughly. For that purpose, I'd like to study the symbolic language that involved at his poem, and to interpret by discourse and grotesque aesthetics that Mikhail Bakhtin has advocated.

Through *The Poetics Pyeongjeon*(詩學評傳), Song-uk dialectically combines the aesthetics of traditional poetry and foreign poetics, and has attempted strengthen the constitution of Korea poetics.

Dialectical attempt at Korean prosody and emotions with the use of language in the autonomous by introducing western techniques to combine the spirit of Korea and enrich and shown to have certain performance is evaluated.

So, we have found that Song-Uk had accomplished the new potentiality of Korean poetry on post-war and the poetics. He has dragged up the poetic substance and formality to the aesthetical dimension, has contributed ascending the poetics to the scholarship dimension.

We have confirmed that his poetic world was developed from tragic recognition about the realities of life to critical thought, from pursuit on nature through separation from life to inclination of transcendence with oriental spirit. On the other hand, to contribute to the settlement of the Korean modernism he move in the direction of modernism Korea at present exit poet.

Key Words: Poet Song-Uk, satire poem, Korean Modernism on 1950 epoch, symbolic language, oriental spirit, grotesque aesthetics

*This work was supported by the National Research Foundation of Korea Grant funded by the Korean Government(NRF-2011-35C-A00493)

1950년대 모더니즘과 사회 비판 연구
–송욱(宋稶)의 시와 시론을 중심으로

찍은날 2014년 8월 10일
펴낸날 2014년 8월 15일
지은이 박몽구
펴낸이 박몽구
펴낸곳 도서출판 시와문화
주 소 (431-852) 경기 안양시 동안구 경수대로 883번길 33,
103동 204호(비산동 꿈에그린아파트)
전 화 (031) 452-4992
E-mail poetpak@naver.com
등록번호 제2007-000005호 (2007년 2월 13일)

ISBN 978-89-94833-08-8(93800)

정 가 10,000원

*이 논문(저서)은 2011년도 정부(교육부)의 재원으로 한국연구재단의 지원을 받아 연구되었음(NRF-2011-35C-A00493).